Der Garten, ob wild und unberührt oder von Menschenhand liebevoll gestaltet, verführte und inspirierte Rainer Maria Rilke zu zahlreichen Gedichten und Texten, in denen er Bilder schuf, die bezaubernder nicht sein könnten. Sei es das kleinste Detail oder das große Ganze, die Stille im Winter oder die flirrende Luft im Sommer, prachtvolle Blüten oder mächtige Bäume – all die herrlichen Beobachtungen fängt der Dichter mit seiner unverwechselbaren Sprache ein. Der Garten ist für ihn immer: ein Ort voller Wunder und Frieden.

Rainer Maria Rilke wurde am 4. Dezember 1875 in Prag geboren und starb am 29. Dezember 1926 im Sanatorium Valmont bei Montreux in der Schweiz. Sein Werk erscheint seit dem Jahr 1900 im Insel Verlag.

Arne Grafe, geboren 1975 in Hannover, beschäftigt sich seit seinem Studium der Germanistik mit Rainer Maria Rilke. Seit 1999 ist er Mitglied der Internationalen Rilke-Gesellschaft und hat als Herausgeber und Beiträger an mehreren Bänden über Rainer Maria Rilke mitgewirkt.

insel taschenbuch 4372
Gartenglück mit
Rainer Maria Rilke

»Der Garten glänzt vor lauter Licht«

GARTENGLÜCK MIT RAINER MARIA RILKE

Ausgewählt von Arne Grafe

INSEL VERLAG

Erste Auflage 2015
insel taschenbuch 4372
Originalausgabe
© Insel Verlag Berlin 2015
Alle Rechte vorbehalten, insbesondere das der Übersetzung,
des öffentlichen Vortrags sowie der Übertragung
durch Rundfunk und Fernsehen, auch einzelner Teile.
Kein Teil des Werkes darf in irgendeiner Form
(durch Fotografie, Mikrofilm oder andere Verfahren)
ohne schriftliche Genehmigung des Verlages reproduziert
oder unter Verwendung elektronischer Systeme
verarbeitet, vervielfältigt oder verbreitet werden.
Vertrieb durch den Suhrkamp Taschenbuch Verlag
Umschlagfoto: Carl Johan Ronn/plainpicture
Umschlag: hißmann, heilmann, hamburg
Satz: Satz-Offizin Hümmer GmbH, Waldbüttelbrunn
Druck: CPI – Ebner & Spiegel, Ulm
Printed in Germany
ISBN 978-3-458-36072-8

»DER GARTEN
GLÄNZT VOR LAUTER LICHT«

INHALT

Alles ist überall 11

Es ist ja Frühling. Und der Garten glänzt 12

Heiliger Frühling 13

Natur ist glücklich. Doch in uns begegnen 15

Siehe die Blumen, diese dem Irdischen treuen 16

Die Sprache der Blumen 17

Blaue Hortensie 25

Schlaf-Mohn 26

Persisches Heliotrop 27

Rosa Hortensie 28

Blumenmuskel, der der Anemone 29

Blumen, ihr schließlich den ordnenden Händen
   verwandte 30

Es leuchteten im Garten die Syringen 31

Ich will ein Garten sein, an dessen Bronnen 32

Das sind die Gärten, an die ich glaube 33

Dein Garten wollt ich sein zuerst 34

Wo, in welchen immer selig bewässerten Gärten 35

Denn Gärten sind, – von Königen gebaut 36

Der Gartenweg 37

Garten-Nacht 38

Singe die Gärten, mein Herz, die du nicht kennst 39

Der Apfelgarten 40

Die Frucht 41

Voller Apfel, Birne und Banane 42

Verger / Obstgarten 43

In einem fremden Park 51

Die Parke 52

Park im Winter 58

Die Sonnenuhr 59

Die Rose 60

Erste Rosen erwachen 61

Heute will ich dir zu Liebe Rosen 62

Die Rosenschale 64

Das Rosen-Innere 67

Wilder Rosenbusch 68

Rose, du thronende 69

Rose, oh reiner Widerspruch 70

Les Roses / Die Rosen 71

Feigenbaum, seit wie lange schon ists mir bedeutend   89

Irre im Garten 90

Herbst 91

Ende des Herbstes 92

Lieder der Mädchen 93

Im Vorgärtchen 95

Aber erweckten sie uns, die unendlich Toten 99

Irgendwo blüht die Blume des Abschieds 100

Gedanken über Garten und Natur aus Rainer Maria

    Rilkes Briefen und Tagebüchern 101

Quellenverzeichnis 155

ALLES IST ÜBERALL

Es muß dies eine von jenen Tagesfrühen gewesen sein, wie es solche im Juli giebt, neue, ausgeruhte Stunden, in denen überall etwas frohes Unüberlegtes geschieht. Aus Millionen kleinen ununterdrückbaren Bewegungen setzt sich ein Mosaik überzeugtesten Daseins zusammen; die Dinge schwingen ineinander hinüber und hinaus in die Luft, und ihre Kühle macht den Schatten klar und die Sonne zu einem leichten, geistigen Schein. Da giebt es im Garten keine Hauptsache; alles ist überall, und man müßte in allem sein, um nichts zu versäumen.

KA 3 (Die Aufzeichnungen des Malte Laurids Brigge), 596

Es ist ja Frühling. Und der Garten glänzt
vor lauter Licht.
Die Zweige zittern zwar
in tiefer Luft, die Stille selber spricht,
und unser Garten ist wie ein Altar.

Der Abend atmet wie ein Angesicht,
und seine Lieblingswinde liegen dicht
wie deine Hände mir im Haar:
ich bin bekränzt.

Du aber siehst es nicht.
Und da sind alle Feste nichtmehr wahr.

Werke III (Dir zur Feier), 196-197

HEILIGER FRÜHLING

Wenn der Frühling in eine kleine Stadt einzieht, so gibt das ein Fest. Wie die Knospen aus enger Haft, drängen goldköpfige Kinder aus der winterschwülen Stube und wirbeln ins Land hinaus, als trüge sie der flatternde laue Wind, der ihnen Haare und Röckchen zerrt und ihnen die ersten Kirschenblüten in den Schooß wirft. Und wie sie nach langer Krankheit ein altes, langvermißtes Spielzeug bejubeln würden, erkennen sie selig Alles wieder und begrüßen jeden Baum, jeden Busch und lassen sich vom jauchzenden Bache erzählen, was er all die Zeit getrieben. Und was für eine Wonne ist das, durch das erste grüne Gras laufen, das zage und zart die nackten Füßchen kitzelt, dem ersten Weißling nachhüpfen, der in ratlos großen Bogen über den kargen Holunderbüschen sich verliert ins endlose, blasse Blau hinein. – Überall regt sich Leben. Unterm Dach, auf den rotleuchtenden Telegraphendrähten und sogar hoch auf dem Kirchturm, hart neben der brummigen, alten Glocke, ist Schwalben-Stelldichein. Die Kinder schauen mit großen Augen, wie die Wandervögel die alten lieben Nester finden, und der Vater zieht den Rosenstöcken den Strohmantel und die Mutter den ungeduldigen Kleinen die warmen Flanellhöschen aus.

Auch die Alten kommen mit scheuem Schritt über die Schwelle, reiben sich die faltigen Hände und blinzeln ins flutende Licht hinaus, und nennen sich »Alterchen« und wollens nicht zeigen, daß sie glücklich und gerührt sind.

Aber ihre Augen gehen über, und sie danken beide im Herzen: Noch einen Frühling.

Werke IV (Heiliger Frühling), 487-488

Natur ist glücklich. Doch in uns begegnen
sich zuviel Kräfte, die sich wirr bestreiten:
wer hat ein Frühjahr innen zu bereiten?
Wer weiß zu scheinen? Wer vermag zu regnen?

Wem geht ein Wind durchs Herz, unwidersprechlich?
Wer faßt in sich der Vogelflüge Raum?
Wer ist zugleich so biegsam und gebrechlich
wie jeder Zweig an einem jeden Baum?

Wer stürzt wie Wasser über seine Neigung
ins unbekannte Glück so rein, so reg?
Und wer nimmt still und ohne Stolz die Steigung
und hält sich oben wie ein Wiesenweg?

KA 2, 160

SIEHE die Blumen, diese dem Irdischen treuen,
denen wir Schicksal vom Rande des Schicksals
    leihn, –
aber wer weiß es! Wenn sie ihr Welken bereuen,
ist es an uns, ihre Reue zu sein.

Alles will schweben. Da gehn wir umher wie
    Beschwerer,
legen auf alles uns selbst, von Gewichte entzückt;
o was sind wir den Dingen für zehrende Lehrer,
weil ihnen ewige Kindheit glückt.

Nähme sie einer ins innige Schlafen und schliefe
tief mit den Dingen –: o wie käme er leicht,
anders zum anderen Tag, aus der gemeinsamen
    Tiefe.

Oder er bliebe vielleicht; und sie blühten und
    priesen
ihn, den Bekehrten, der nun den Ihrigen gleicht,
allen den stillen Geschwistern im Winde der
    Wiesen.

SaO (Zweiter Teil, XIV Sonett), 48

DIE SPRACHE DER BLUMEN

Und glaubst du gleich den Worten nicht,
die ich dir hoffend schrieb –
die Sprache, die die Blume spricht,
verstehst du doch, mein Lieb.

WENN dein Fuß dort fürder schreitet,
wo die Fluren üppig stehn –
glaub mir, jede Blume deutet
viel dir – kannst du sie verstehn.

Wenn ein Hauch von zarten Winden
leise lispelt durch die Flur –
horche, was sie dir verkünden
all die Kinder der Natur: –

Amaryllis
Mögen mich auch alle hassen,
leis wend ich mein Haupt zu dir.
Sieh, ich fühl mich so verlassen,
komm, Geliebte, komm zu mir.

Nemorilla
Leuchten droben dort die Sterne,
öffne ich mein Blütenkleid.
Ja, mein Freund, ich komme gerne,
nur bestimme du die Zeit.

Stachelbeere (Ribes grossularia)
Schaffe dir, vernimm die Lehre, –
strebend deinen eignen Herd.
Diesem Wirken ziemet Ehre,
Häuslichkeit giebt hohen Wert.

Eiche (Quercus)
Freund, bei jedem deiner Werke,
daß dein Arm dir nie erschlafft,
traue auf die eigne Stärke,
traue auf die eigne Kraft.

Hollunder (Syringa vulgaris)
Unheil droht dir unabwendig:
Rose glänzt zwar, doch sie sticht.
Ich nur bleibe stets beständig,
glaube mir, verkenn mich nicht.

Rittersporn (Delphinium)
Sagt dir nicht ein tief Verlangen,
siehst du mich im weiten Feld
stolz vor allen andern prangen:
Mutigen gehört die Welt!?

Immergrün
Hat auch mancher Blitz getroffen, –
alle Blitze töten nicht.
Immer giebt ein neues Hoffen
neue frohe Zuversicht.

Camelie (Camellia)
Nie sprachst du ein Wort von Milde,
das so wohl dem Ohre schallt.
Scheinst gleich einem Marmorbilde
stolz und schön, doch rauh und – kalt.

Weißdorn (Crataegus)
Wag es nimmer mich zu brechen,
bald schon hättest du's bereut –
denn, mein Freund, ich müßte stechen,
tät es mir auch noch so leid.

Frauenschuh (Cypripedium)
Überlege, überlege
jeden Umstand vor der Tat
und erwäge, Freund, erwäge
sogleich jeden guten Rat.

Aster (aster chinensis)
Scheint die Sonne kalt und trüber –
in die Zukunft wend den Blick.
Sieh! der Winter geht vorüber
und der Frühling kehrt zurück!

Schneeball
Gestern hast du mir versprochen
Lieb und Treu zu jeder Frist.
Heute schon dein Wort gebrochen; –
wie veränderlich du bist!

Levkoie

Tief hat mich dein Spott getroffen,
den ich bitter gar empfand –
dennoch biet ich frei und offen
zur Versöhnung dir die Hand.

Primel

Nimmer will ich höher streben,
denn ich lieb mein schlichtes Kleid.
Glaub, das höchste Glück im Leben
liegt in der Zufriedenheit.

Heckenrose

Täusche, Falscher, nicht mein Hoffen,
wie das Herz, mit dem du spielst!
O! so sag mir frei und offen
was du denkst und was du fühlst.

Epheu

Aufwärts streb ich zu der Höhe,
auf – zu deinem Fenster sacht….
Lang schon such ich deine Nähe,
die mich, ach! so glücklich macht.

Brennende Liebe

Nur drei Worte sind vonnöten,
bergen Seligkeit in sich –
sieh mich zittern, mich erröten
und vernimm: Ich liebe dich! –

Pantoffelblume

Herrschsucht macht die Liebe schwinden,
und mit ihr enteilt das Glück,
nie wirst du sie wiederfinden,
ganz kehrt nie sie mehr zurück.

Veilchen

Schlicht nur bist du stets gewesen,
unbedeutend oft und klein,
dennoch nimmt dein liebes Wesen
jeden, jeden für dich ein.

Pelargonium

Trag ich doch an meinem Schmerze
wirklich schon genug und schwer;
laß mir Ruhe; – deine Scherze,
sie verwunden mich noch mehr.

Hyazinthe

Tief im Herzen zieht ein Weben
ach, so hold, so selig ein:
Dir gehört mein ganzes Leben,
dir gehört mein ganzes Sein.

Narzisse

Hast du herzlos auch getrieben
loses Spiel; mich oft betrübt, –
dennoch muß ich stets dich lieben –
wie ich immer – dich geliebt.

21

Winde

Nur der Schmeichler will dich schonen.
Wahrer Freund dir wahr stets spricht,
willst du's dankend ihm entlohnen,
dein Vertraun entzieh ihm nicht.

Georgine

Lohn wird dir zu allen Zeiten
ohne Müh und Arbeit nie.
Liebe mußt du auch erstreiten;
denn nur dann verdienst du sie.

Myrte

Was ich kaum zu denken wagte,
meiner Träume holdes Bild,
– eh der junge Morgen tagte,
hat mein Glück sich schon erfüllt!

Christusauge

Nicht die Schönheit, nicht die Jugend
frommen wohl am meisten dir.
Nur Bescheidenheit und Tugend
sind des Weibes höchste Zier.

Klee

Wenig ists – was ich verkünde,
daß ich Herzen innig band.
Jenes Band, mit dem ich binde,
Freundschaft wirds allhier genannt.

Stiefmütterchen

Schließe stets dein Ohr und meide
die da schwatzen bös und schlecht.
Sei auf deiner Hut und scheide
streng den Irrtum von dem Recht.

Bandgras

Wie am Rosenblatt, dem süßen
saugt der Schmetterling – so lind,
so muß ich und müßt ichs büßen –
küssen dich, – du schönes Kind.

Apfelblüte

Wenn auch Wogen wild sich stauen,
vorwärts wende deinen Blick.
Dorten in der nebelgrauen
fernen Zukunft liegt dein Glück.

Vergißmeinnicht

Löschen dieses Lebens Gluten,
ich bleib dennoch frisch und jung;
denn ich wahre allen Guten
süßes Glück: Erinnerung!

Passionsblume

Ziehn auch Wolken schwer und trübe,
nie verliere, Freund, den Mut,
traue, glaube, hoffe, liebe....
alles wird einst wieder gut. –

—

Und die Blümlein alle sagen
dir so viel, vernimmst es du!
Lispeln in des Unglücks Tagen
süße Tröstung leis dir zu.

Glücklich jeder, dem sie's künden,
geht er hin durchs weite Feld –
er allein wird stets empfinden
wahre Lust an dieser Welt.

Er traut auf die eigne Stärke,
auf die eigne Kraft wohl gern;
denn er sieht in jedem Werke
die allmächtge Hand des Herrn!

Werke III (Leben und Lieder), 36-44

BLAUE HORTENSIE

So wie das letzte Grün in Farbentiegeln
sind diese Blätter, trocken, stumpf und rauh,
hinter den Blütendolden, die ein Blau
nicht auf sich tragen, nur von ferne spiegeln.

Sie spiegeln es verweint und ungenau,
als wollten sie es wiederum verlieren,
und wie in alten blauen Briefpapieren
ist Gelb in ihnen, Violett und Grau;

Verwaschenes wie an einer Kinderschürze,
Nichtmehrgetragnes, dem nichts mehr geschieht:
wie fühlt man eines kleinen Lebens Kürze.

Doch plötzlich scheint das Blau sich zu verneuen
in einer von den Dolden, und man sieht
ein rührend Blaues sich vor Grünem freuen.

KA 1 (Neue Gedichte), 481

SCHLAF-MOHN

Abseits im Garten blüht der böse Schlaf,
in welchem die, die heimlich eingedrungen,
die Liebe fanden junger Spiegelungen,
die willig waren, offen und konkav,

und Träume, die mit aufgeregten Masken
auftraten, riesiger durch die Kothurne –:
das alles stockt in diesen oben flasken
weichlichen Stengeln, die die Samenurne

(nachdem sie lang, die Knospe abwärts tragend,
zu welken meinten) festverschlossen heben:
gefranste Kelche auseinanderschlagend,
die fieberhaft das Mohngefäß umgeben.

KA 1 (Der Neuen Gedichte / Anderer Teil), 574-575

PERSISCHES HELIOTROP

Es könnte sein, daß dir der Rose Lob
zu laut erscheint für deine Freundin: Nimm
das schön gestickte Kraut und überstimm
mit dringend flüsterndem Heliotrop

den Bülbül, der an ihren Lieblingsplätzen
sie schreiend preist und sie nicht kennt.
Denn sieh: wie süße Worte nachts in Sätzen
beisammenstehn ganz dicht, durch nichts getrennt,
aus der Vokale wachem Violett
hindüftend durch das stille Himmelbett –:

so schließen sich vor dem gesteppten Laube
deutliche Sterne zu der seidnen Traube
und mischen, daß sie fast davon verschwimmt,
die Stille mit Vanille und mit Zimmt.

KA 1 (Der Neuen Gedichte / Anderer Teil), 576

ROSA HORTENSIE

Wer nahm das Rosa an? Wer wußte auch,
daß es sich sammelte in diesen Dolden?
Wie Dinge unter Gold, die sich entgolden,
enträten sie sich sanft, wie im Gebrauch.

Daß sie für solches Rosa nichts verlangen.
Bleibt es für sie und lächelt aus der Luft?
Sind Engel da, es zärtlich zu empfangen,
wenn es vergeht, großmütig wie ein Duft?

Oder vielleicht auch geben sie es preis,
damit es nie erführe vom Verblühn.
Doch unter diesem Rosa hat ein Grün
gehorcht, das jetzt verwelkt und alles weiß.

KA 1 (Der Neuen Gedichte / Anderer Teil), 579

BLUMENMUSKEL, der der Anemone
Wiesenmorgen nach und nach erschließt,
bis in ihren Schoß das polyphone
Licht der lauten Himmel sich ergießt,

in den stillen Blütenstern gespannter
Muskel des unendlichen Empfangs,
manchmal s o von Fülle übermannter,
daß der Ruhewink des Untergangs

kaum vermag die weitzurückgeschnellten
Blätterränder dir zurückzugeben:
du, Entschluß und Kraft von w i e v i e l Welten!

Wir Gewaltsamen, wir währen länger.
Aber w a n n , in welchem aller Leben,
sind wir endlich offen und Empfänger?

SaO (Zweiter Teil, V Sonett), 39

BLUMEN, ihr schließlich den ordnenden Händen
    verwandte,
(Händen der Mädchen von einst und jetzt),
die auf dem Gartentisch oft von Kante zu Kante
lagen, ermattet und sanft verletzt,

wartend des Wassers, das sie noch einmal erhole
aus dem begonnenen Tod –, und nun
wieder erhobene zwischen die strömenden Pole
fühlender Finger, die wohlzutun

mehr noch vermögen, als ihr ahntet, ihr leichten,
wenn ihr euch wiederfandet im Krug,
langsam erkühlend und Warmes der Mädchen, wie
    Beichten,

von euch gebend, wie trübe ermüdende Sünden,
die das Gepflücktsein beging, als Bezug
wieder zu ihnen, die sich euch blühend verbünden.

SaO (Zweiter Teil, VII Sonett), 41

Es leuchteten im Garten die Syringen,
von einem Ave war der Abend voll, –
da war es, daß wir voneinander gingen
in Gram und Groll.

Die Sonne war in heißen Fieberträumen
gestorben hinter grauen Hängen weit,
und jetzt verglomm auch hinter Blütenbäumen
dein weißes Kleid.

Ich sah den Schimmer nach und nach vergehen
und bangte bebend wie ein furchtsam Kind,
das lange in ein helles Licht gesehen:
Bin ich jetzt blind? –

Werke I (Traumgekrönt), 94

Ich will ein Garten sein, an dessen Bronnen
die vielen Träume neue Blumen brächen,
die einen abgesondert und versonnen,
und die geeint in schweigsamen Gesprächen.

Und wo sie schreiten, über ihren Häupten
will ich mit Worten wie mit Wipfeln rauschen,
und wo sie ruhen, will ich den Betäubten
mit meinem Schweigen in den Schlummer lauschen.

KA 1 (Mir zur Feier), 65

Das sind die Gärten, an die ich glaube:
Wenn das Blühn in den Beeten bleicht,
und im Kies unterm löschenden Laube
Schweigen hinrinnt, durch Linden geseigt.

Auf dem Teich aus den glänzenden Ringen
schwimmt ein Schwan dann von Rand zu Rand.
Und er wird auf den schimmernden Schwingen
als erster Milde des Mondes bringen
an den nicht mehr deutlichen Strand.

KA 1 (Mir zur Feier), 79

Dein Garten wollt ich sein zuerst
und Ranken haben und Rabatten
und deine Schönheit überschatten,
damit du mit dem muttermatten
Lächeln gern mir wiederkehrst.

Da aber – als du kamst und gingst,
ist etwas mit dir eingetreten:
das ruft mich zu den roten Beeten,
wenn du mir aus den weißen winkst.

KA 1 (Mir zur Feier), 97

Wo, in welchen immer selig bewässerten Gärten, an welchen
Bäumen, aus welchen zärtlich entblätterten Blüten-Kelchen
reifen die fremdartigen Früchte der Tröstung? Diese
köstlichen, deren du eine vielleicht in der
zertretenen Wiese

deiner Armut findest. Von einem zum anderen Male
wunderst du dich über die Größe der Frucht,
über ihr Heilsein, über die Sanftheit der Schale,
und daß sie der Leichtsinn des Vogels dir nicht
vorwegnahm und nicht die Eifersucht

unten des Wurms. Gibt es denn Bäume, von Engeln
beflogen,
und von verborgenen langsamen Gärtnern so
seltsam gezogen,
daß sie uns tragen, ohne uns zu gehören?

Haben wir niemals vermocht, wir Schatten und
Schemen,
durch unser voreilig reifes und wieder welkes
Benehmen
jener gelassenen Sommer Gleichmut zu stören?

SaO (Zweiter Teil, XVII Sonett), 51

35

Denn Gärten sind, – von Königen gebaut,
die eine kleine Zeit sich drin vergnügten
mit jungen Frauen, welche Blumen fügten
zu ihres Lachens wunderlichem Laut.
Sie hielten diese müden Parke wach;
sie flüsterten wie Lüfte in den Büschen,
sie leuchteten in Pelzen und in Plüschen,
und ihrer Morgenkleider Seidenrüschen
erklangen auf dem Kiesweg wie ein Bach.

Jetzt gehen ihnen alle Gärten nach –
und fügen still und ohne Augenmerk
sich in des fremden Frühlings helle Gammen
und brennen langsam mit des Herbstes Flammen
auf ihrer Äste großem Rost zusammen,
der kunstvoll wie aus tausend Monogrammen
geschmiedet scheint zu schwarzem Gitterwerk.

Und durch die Gärten blendet der Palast
(wie blasser Himmel mit verwischtem Lichte),
in seiner Säle welke Bilderlast
versunken wie in innere Gesichte,
fremd jedem Feste, willig zum Verzichte
und schweigsam und geduldig wie ein Gast.

KA 1 (Das Stunden-Buch), 241

DER GARTENWEG

Sein Einfall freut ihn, zwischen zweien Stücken
vergnügten Rasens diesen sachten Bug
sanft zu vollziehen; mit dem Haus im Rücken,
und vor sich grade noch Bereichs genug
sich zu erholen vom gefühlten Schwung

KA 2, 113

GARTEN-NACHT

Nebelnd schweben durch den Rosenbogen,
den man für die Lebenden gebeugt,
jene, die, nicht völlig überzeugt,
aus dem nahen Tod herüberwogen...

Sie, die diese Erde tief besitzen,
grüßen ihre Oberfläche kühl, –
hoffen, an dem Dörnicht sich zu ritzen
mit vergessnem Schmerzgefühl.

Eine tastet an dem Rebengange
nach dem überraschten Blatt...
Blatt versagt... nun sucht sie mit der Wange...
Aber Nachtwind will an wangesstatt...

KA 2, 381

SINGE die Gärten, mein Herz, die du nicht
    kennst; wie in Glas
eingegossene Gärten, klar, unerreichbar.
Wasser und Rosen von Ispahan oder Schiras,
singe sie selig, preise sie, keinem vergleichbar.

Zeige, mein Herz, daß du sie niemals entbehrst.
Daß sie dich meinen, ihre reifenden Feigen.
Daß du mit ihren, zwischen den blühenden Zweigen
wie zum Gesicht gesteigerten Lüften verkehrst.

Meide den Irrtum, daß es Entbehrungen gebe
für den geschehnen Entschluß, diesen: zu sein!
Seidener Faden, kamst du hinein ins Gewebe.

Welchem der Bilder du auch im Innern geeint bist
(sei es selbst ein Moment aus dem Leben der Pein),
fühl, daß der ganze, der rühmliche Teppich gemeint
    ist.

SaO (Zweiter Teil, XXI Sonett), 55

DER APFELGARTEN
Borgeby-Gård

Komm gleich nach dem Sonnenuntergange,
sieh das Abendgrün des Rasengrunds;
ist es nicht, als hätten wir es lange
angesammelt und erspart in uns,

um es jetzt aus Fühlen und Erinnern,
neuer Hoffnung, halbvergeßnem Freun,
noch vermischt mit Dunkel aus dem Innern,
in Gedanken vor uns hinzustreun

unter Bäume wie von Dürer, die
das Gewicht von hundert Arbeitstagen
in den überfüllten Früchten tragen,
dienend, voll Geduld, versuchend, wie

das, was alle Maße übersteigt,
noch zu heben ist und hinzugeben,
wenn man willig, durch ein langes Leben
nur das Eine will und wächst und schweigt.

KA 1 (Der Neuen Gedichte / Anderer Teil), 582

DIE FRUCHT

Das stieg zu ihr aus Erde, stieg und stieg,
und war verschwiegen in dem stillen Stamme
und wurde in der klaren Blüte Flamme,
bis es sich wiederum verschwieg.

Und fruchtete durch eines Sommers Länge
In dem bei Nacht und Tag bemühten Baum,
und kannte sich als kommendes Gedränge
wider den teilnahmsvollen Raum.

Und wenn es jetzt im rundenden Ovale
mit seiner vollgewordnen Ruhe prunkt,
stürzt es, verzichtend, innen in der Schale
zurück in seinen Mittelpunkt.

KA 2, 303

VOLLER Apfel, Birne und Banane
Stachelbeere... Alles dieses spricht
Tod und Leben in den Mund... Ich ahne...
Lest es einem Kind vom Angesicht,

wenn es sie erschmeckt. Dies kommt von weit.
Wird euch langsam namenlos im Munde?
Wo sonst Worte waren, fließen Funde,
aus dem Fruchtfleisch überrascht befreit.

Wagt zu sagen, was ihr Apfel nennt.
Diese Süße, die sich erst verdichtet,
um, im Schmecken leise aufgerichtet,

klar zu werden, wach und transparent,
doppeldeutig, sonnig, erdig, hiesig –:
O Erfahrung, Fühlung, Freude –, riesig!

SaO (Erster Teil, XIII Sonett), 19

VERGER / OBSTGARTEN

I

Peut-être que si j'ai osé t'écrire,
langue prêtée, c'était pour employer
ce nom rustique dont l'unique empire
me tourmentait depuis toujours: Verger.

Pauvre poète qui doit élire
pour dire tout ce que ce nom comprend,
un à peu près trop vague qui chavire,
ou pire: la clôture qui défend.

Verger: ô privilège d'une lyre
de pouvoir te nommer simplement;
nom sans pareil qui les abeilles attire,
nom qui respire et attend...

Nom clair qui cache le printemps antique,
tout aussi plein que transparent,
et qui dans ses syllabes symétriques
redouble tout et devient abondant.

I

Vielleicht, wenn ich dich zu schreiben gewagt habe, gelie-
hene Sprache, war es, um diesen ländlichen Namen zu ver-
wenden, dessen einzigartige Macht mich seit jeher be-
drängt hat: Verger.

43

Armer Dichter, der auswählen muß, um alles zu sagen, was dieser Name umschließt, ⟨entweder⟩ ein allzu vages Ungefähr, das Schiffbruch erleidet, oder schlimmer: die Umzäunung, die abwehrt.

Verger: o Vorrecht einer Leier, dich einfach nennen zu können; Name ohne gleichen, der die Bienen anzieht, Name, der atmet und wartet…

Klarer Name, der den antiken Frühling in sich birgt, ebenso ganz voll wie durchscheinend, und der in seinen symetrischen Silben alles verdoppelt und fruchtbar wird.

II

Vers quel soleil gravitent
tant de désirs pesants?
De cette ardeur que vous dites,
où est le firmament?

Pour l'un à l'autre nous plaire,
faut-il tant appuyer?
Soyons légers et légères
à la terre remuée
par tant de forces contraires.

Regardez bien le verger:
c'est inévitable qu'il pèse;

pourtant de ce même malaise
il fait le bonheur de l'été.

II

Auf welche Sonne zu gravitieren so viele lastende Begehren?
Von dieser Glut, die ihr aussprecht, wo ist das Firmament?

Um einer am andern uns zu erfreuen, muß man so sehr auf-
lasten? Seien wir der und die Leichte auf der von soviel ent-
gegengesetzten Kräften umgegrabenen Erde.

Betrachtet den Obstgarten gut: es ist unvermeidlich, daß er
lastet; doch aus eben diesem Mißstand macht er das Glück
des Sommers.

III

Jamais la terre n'est plus réelle
que dans tes branches, ô verger blond,
ni plus flottante que dans la dentelle
que font tes ombres sur le gazon.

Là se rencontre ce qui nous reste,
ce qui pèse et ce qui nourrit
avec le passage manifeste
de la tendresse infinie.

Mais à ton centre, la calme fontaine,
presque dormant en son ancien rond,
de ce contraste parle à peine,
tant en elle il se confond.

III

Nie ist die Erde wirklicher als in deinen Ästen, o blonder Obstgarten, noch schwebender als im Spitzengewirk, das deine Schatten auf dem Rasen bilden.

Dort trifft sich das, was uns bleibt, das, was lastet, und das, was nährt, mit dem offenkundigen Hindurchgang der unendlichen Zärtlichkeit.

Aber in deinem Mittelpunkt, der stille Brunnen, fast schlafend in seinem alten Rund, spricht kaum von diesem Gegensatz, so sehr zerfließt der in ihm.

IV

De leur grâce, que font-ils,
tous ces dieux hors d'usage,
qu'un passé rustique engage
à être sages et puérils?

Comme voilés par le bruit
des insectes qui butinent,
ils arrondissent les fruits;
(occupation divine).

Car aucun jamais ne s'efface,
tant soit-il abandonné;
ceux qui parfois nous menacent
sont des dieux inoccupés.

IV

Aus ihrer Gnade, was machen sie, all diese Götter außer Gebrauch, die eine ländliche Vergangenheit dazu verpflichtet, weise und kindisch zu sein?

Wie verschleiert vom Geräusch der Insekten, die sammeln lassen sie die Früchte rund werden; (göttliche Beschäftigung).

Denn keiner von ihnen verschwindet je, so verlassen er sei; jene, die uns manchmal bedrohen, sind unbeschäftigte Götter.

V

Ai-je des souvenirs, ai-je des espérances,
en te regardant, mon verger?
Tu te repais autour de moi, ô troupeau d'abondance
et tu fais penser ton berger.

Laisse-moi contempler au travers de tes branches
la nuit qui va commencer.
Tu as travaillé; pour moi c'était un dimanche, –
mon repos, m'a-t-il avancé?

D'être berger, qu'y a-t-il de plus juste en somme?
Se peut-il qu'un peu de ma paix
aujourd'hui soit entrée doucement dans tes pomme
Car tu sais bien, je m'en vais...

V

Habe ich Erinnerungen, habe ich Hoffnungen, wenn ich
dich anschaue, mein Obstgarten? Du weidest um mich herum, o Herde des Überflusses, und du veranlaßt deinen Hir-
ten nachzudenken.

Laß mich durch deine Äste hindurch die Nacht betrachten,
die bald beginnt. Du hast gearbeitet; für mich war es ein
Sonntag, – mein Ausruhen, hat es mich vorwärts gebracht?

Hirte zu sein, was gibt es, das gerechter ist, alles in allem?
Kann es sein, daß ein wenig von meinem Frieden heute
sacht in deine Äpfel eingetreten ist? Denn du weißt sehr
wohl, ich gehe fort...

VI

N'était-il pas, ce verger, tout entier,
ta robe claire, autour de tes épaules?
Et n'as-tu pas senti combien console
son doux gazon qui pliait sous ton pied?

Que de fois, au lieu de promenade,
il s'imposait en devenant tout grand;
et c'était lui et l'heure qui s'évade
qui passaient par ton être hésitant.

Un livre parfois t'accompagnait...
Mais ton regard, hanté de concurrences,
au miroir de l'ombre poursuivait
un jeu changeant de lentes ressemblances.

VI

War er nicht, dieser Obstgarten, als Ganzes, dein lichtes
Kleid, um deine Schultern? Und hast du nicht gespürt, wie
sehr sein weicher Rasen tröstet, der unter deinem Fuß nach-
gab?

Wie oft, statt eines Spaziergangs, drängte er sich vor und
wurde ganz groß; und er war es und die Stunde, die entglei-
tet, die durch dein zögerndes Sein hindurchgingen.

Manchmal begleitete dich ein Buch... Aber dein Blick, ge-
quält von Widerstreiten, verfolgte im Spiegel des Schattens
ein veränderliches Spiel langsamer Ähnlichkeiten.

VII

Heureux verger, tout tendu à parfaire
de tous ses fruits les innombrables plans,

et qui sait bien son instinct séculaire
plier à la jeunesse d'un instant.

Quel beau travail, quel ordre que le tien!
Qui tant insiste dans les branches torses,
mais qui enfin, enchanté de leur force,
déborde dans un calme aérien.

Tes dangers et les miens, ne sont-ils point
tout fraternels, ô verger, ô mon frère?
Un même vent, nous venant de loin,
nous force d'être tendres et austères.

VII

Glücklicher Obstgarten, ganz darauf aus, die zahllosen Plä-
ne aller seiner Früchte auszuführen, und der so gut seinen
jahrhundertealten Instinkt der Jugend eines Augenblicks
unterordnen kann.

Welch schöne Arbeit, welche Ordnung bei dir! Die so sehr
beharrt in den gewundenen Ästen, die aber schließlich, entzückt von ihrer Stärke, überfließt in eine luftige Ruhe.

Deine Gefahren und meine, sind sie nicht ganz brüderlich,
o Obstgarten, o mein Bruder? Ein gleicher Wind, uns von
fern erreichend, zwingt uns, sanft und streng zu sein.

KA 5 (Vergers / Obstgärten), 37-43

IN EINEM FREMDEN PARK
Borgeby-Gård

Zwei Wege sinds. Sie führen keinen hin.
Doch manchmal, in Gedanken, läßt der eine
dich weitergehn. Es ist, als gingst du fehl;
aber auf einmal bist du im Rondel
alleingelassen wieder mit dem Steine
und wieder auf ihm lesend: Freiherrn
Brite Sophie – und wieder mit dem Finger
abfühlend die zerfallne Jahreszahl –.
Warum wird dieses Finden nicht geringer?

Was zögerst du ganz wie zum ersten Mal
erwartungsvoll auf diesem Ulmenplatz,
der feucht und dunkel ist und niebetreten?

Und was verlockt dich für ein Gegensatz,
etwas zu suchen in den sonnigen Beeten,
als wärs der Name eines Rosenstocks?

Was stehst du oft? Was hören deine Ohren?
Und warum siehst du schließlich, wie verloren,
die Falter flimmern um den hohen Phlox.

KA 1 (Neue Gedichte), 479

DIE PARKE

I

Unaufhaltsam heben sich die Parke
aus dem sanft zerfallenden Vergehn;
überhäuft mit Himmeln, überstarke
Überlieferte, die überstehn,

um sich auf den klaren Rasenplänen
auszubreiten und zurückzuziehn,
immer mit demselben souveränen
Aufwand, wie beschützt durch ihn,

und den unerschöpflichen Erlös
königlicher Größe noch vermehrend,
aus sich steigend, in sich wiederkehrend:
huldvoll, prunkend, purpurn und pompös.

II

Leise von den Alleen
ergriffen, rechts und links,
folgend dem Weitergehen
irgend eines Winks,

trittst du mit einem Male
in das Beisammensein
einer schattigen Wasserschale
mit vier Bänken aus Stein;

in eine abgetrennte
Zeit, die allein vergeht.
Auf feuchte Postamente,
auf denen nichts mehr steht,

hebst du einen tiefen
erwartenden Atemzug;
während das silberne Triefen
von dem dunkeln Bug

dich schon zu den Seinen
zählt und weiterspricht.
Und du fühlst dich unter Steinen
die hören, und rührst dich nicht.

III

Den Teichen und den eingerahmten Weihern
verheimlicht man noch immer das Verhör
der Könige. Sie warten unter Schleiern,
und jeden Augenblick kann Monseigneur

vorüberkommen; und dann wollen sie
des Königs Laune oder Trauer mildern
und von den Marmorrändern wieder die
Teppiche mit alten Spiegelbildern

hinunterhängen, wie um einen Platz:
auf grünem Grund, mit Silber, Rosa, Grau,

gewährtem Weiß und leicht gerührtem Blau
und einem Könige und einer Frau
und Blumen in dem wellenden Besatz.

IV

Und Natur, erlaucht und als verletze
sie nur unentschloßnes Ungefähr,
nahm von diesen Königen Gesetze,
selber selig, um den Tapis-vert

ihrer Bäume Traum und Übertreibung
aufzutürmen aus gebauschtem Grün
und die Abende nach der Beschreibung
von Verliebten in die Avenün

einzumalen mit dem weichen Pinsel,
der ein firnisklares aufgelöstes
Lächeln glänzend zu enthalten schien:

der Natur ein liebes, nicht ihr größtes,
aber eines, das sie selbst verliehn,
um auf rosenvoller Liebes-Insel
es zu einem größern aufzuziehn.

V

Götter von Alleen und Altanen,
niemals ganzgeglaubte Götter, die
altern in den gradbeschnittnen Bahnen,

höchstens angelächelte Dianen
wenn die königliche Venerie

wie ein Wind die hohen Morgen teilend
aufbrach, übereilt und übereilend –;
höchstens angelächelte, doch nie

angeflehte Götter. Elegante
Pseudonyme, unter denen man
sich verbarg und blühte oder brannte, –
leichtgeneigte, lächelnd angewandte
Götter, die noch manchmal dann und wann

Das gewähren, was sie einst gewährten,
wenn das Blühen der entzückten Gärten
ihnen ihre kalte Haltung nimmt;
wenn sie ganz von ersten Schatten beben
und Versprechen um Versprechen geben,
alle unbegrenzt und unbestimmt.

VI

Fühlst du, wie keiner von allen
Wegen steht und stockt;
von gelassenen Treppen fallen,
durch ein Nichts von Neigung
leise weitergelockt,
über alle Terrassen
die Wege, zwischen den Massen

verlangsamt und gelenkt,
bis zu den weiten Teichen,
wo sie (wie einem Gleichen)
der reiche Park verschenkt

an den reichen Raum: den Einen,
der mit Scheinen und Widerscheinen
seinen Besitz durchdringt,
aus dem er von allen Seiten
Weiten mit sich bringt,
wenn er aus schließenden Weihern
zu wolkigen Abendfeiern
sich in die Himmel schwingt.

VII

Aber Schalen sind, drin der Najaden
Spiegelbilder, die sie nicht mehr baden,
wie ertrunken liegen, sehr verzerrt;
die Alleen sind durch Balustraden
in der Ferne wie versperrt.

Immer geht ein feuchter Blätterfall
durch die Luft hinunter wie auf Stufen,
jeder Vogelruf ist wie verrufen,
wie vergiftet jede Nachtigall.

Selbst der Frühling ist da nicht mehr gebend,
diese Büsche glauben nicht an ihn;

ungern duftet trübe, überlebend
abgestandener Jasmin

alt und mit Zerfallendem vermischt.
Mit dir weiter rückt ein Bündel Mücken,
so als würde hinter deinem Rücken
alles gleich vernichtet und verwischt.

KA 1 (Der Neuen Gedichte / Anderer Teil), 552-556

PARK IM WINTER

WINTER windet um die steifen
Parkalleen Demantzwirn.
Hinter Pappeln glimmt ein Streifen
heißes Rot: Ein Königsreifen,
an des Himmels Wolkenstirn.

Dünne, reichbereifte Ranken
schlingt den Frost um den Altan,
wie der Künstler fügt den blanken
Silberdraht zum elfenschlanken
Venetianer-Filigran. —

Werke III, 435

DIE SONNENUHR

Selten reicht ein Schauer feuchter Fäule
aus dem Gartenschatten, wo einander
Tropfen fallen hören und ein Wander-
vogel lautet, zu der Säule,
die in Majoran und Koriander
steht und Sommerstunden zeigt;

Nur sobald die Dame (der ein Diener
nachfolgt) in dem hellen Florentiner
über ihren Rand sich neigt,
wird sie schattig und verschweigt –.

Oder wenn ein sommerlicher Regen
aufkommt aus dem wogenden Bewegen
hoher Kronen, hat sie eine Pause;
denn sie weiß die Zeit nicht auszudrücken,
die dann in den Frucht- und Blumenstücken
plötzlich glüht im weißen Gartenhause.

KA 1 (Der Neuen Gedichte / Anderer Teil), 574

DIE ROSE

Die Rose hier, die gelbe,
gab gestern mir der Knab;
heut trag ich sie, dieselbe,
hin auf sein frisches Grab.

Die Rose ist seit gestern
noch immer hold und schön,
so ganz wie ihre Schwestern
im Hag und auf den Höhn.

An ihren Blättern lehnen
noch lichte Tröpfchen – schau!
Nur sind es heute – Tränen,
und gestern war es Tau....

Werke III (Wegwarten), 116-117

Erste Rosen erwachen,
und ihr Duften ist zag
wie ein leisleises Lachen;
flüchtig mit schwalbenflachen
Flügeln streift es den Tag;

und wohin du langst,
da ist alles noch Angst.

Jeder Schimmer ist scheu,
und kein Klang ist noch zahm,
und die Nacht ist zu neu,
und die Schönheit ist Scham.

KA 1 (Mir zur Feier), 80

Heute will ich dir zu Liebe Rosen
fühlen, Rosen fühlen dir zu Liebe,
dir zu Liebe heute lange lange
nicht gefühlte Rosen fühlen: Rosen.

Alle Schalen sind gefüllt; sie liegen
in sich selber, jede hundert Male, –
wie von Talen angefüllte Tale
liegen sie in sich und überwiegen.

So unsäglich wie die Nacht
überwiegen sie den Hingegebnen,
wie die Sterne über Ebnen
überstürzen sie mit Pracht.
Rosennacht, Rosennacht.

Nacht aus Rosen, Nacht aus vielen vielen
hellen Rosen, helle Nacht aus Rosen,
Schlaf der tausend Rosenaugenlider:
heller Rosen-Schlaf, ich bin dein Schläfer.

Heller Schläfer deiner Düfte; tiefer
Schläfer deiner kühlen Innigkeiten.
Wie ich mich dir schwindend überliefer
hast du jetzt mein Wesen zu bestreiten;

sei mein Schicksal aufgelöst
in das unbegreifliche Beruhen,

und der Trieb, sich aufzutuen,
wirke, der sich nirgends stößt.

Rosenraum, geboren in den Rosen,
in den Rosen heimlich auferzogen,
und aus offnen Rosen zugegeben
groß wie Herzraum: dass wir auch nach draußen
fühlen dürfen in dem Raum der Rosen.

KA 2, 104

DIE ROSENSCHALE

Zornige sahst du flackern, sahst zwei Knaben
zu einem Etwas sich zusammenballen,
das Haß war und sich auf der Erde wälzte
wie ein von Bienen überfallnes Tier;
Schauspieler, aufgetürmte Übertreiber,
rasende Pferde, die zusammenbrachen,
den Blick wegwerfend, bläkend das Gebiß
als schälte sich der Schädel aus dem Maule.

Nun aber weißt du, wie sich das vergißt:
denn vor dir steht die volle Rosenschale,
die unvergeßlich ist und angefüllt
mit jenem Äußersten von Sein und Neigen,
Hinhalten, Niemals-Gebenkönnen, Dastehn,
das unser sein mag: Äußerstes auch uns.

Lautloses Leben, Aufgehn ohne Ende,
Raum-brauchen ohne Raum von jenem Raum
zu nehmen, den die Dinge rings verringern,
fast nicht Umrissen-sein wie Ausgespartes
und lauter Inneres, viel seltsam Zartes
und Sich-bescheinendes – bis an den Rand:
ist irgend etwas uns bekannt wie dies?

Und dann wie dies: daß ein Gefühl entsteht,
weil Blütenblätter Blütenblätter rühren?

Und dies: daß eins sich aufschlägt wie ein Lid,
und drunter liegen lauter Augenlider,
geschlossene, als ob sie, zehnfach schlafend,
zu dämpfen hätten eines Innern Sehkraft.
Und dies vor allem: daß durch diese Blätter
das Licht hindurch muß. Aus den tausend Himmeln
filtern sie langsam jenen Tropfen Dunkel,
in dessen Feuerschein das wirre Bündel
der Staubgefäße sich erregt und aufbäumt.

Und die Bewegung in den Rosen, sieh:
Gebärden von so kleinem Ausschlagswinkel,
daß sie unsichtbar blieben, liefen ihre
Strahlen nicht auseinander in das Weltall.

Sieh jene weiße, die sich selig aufschlug
und dasteht in den großen offnen Blättern
wie eine Venus aufrecht in der Muschel;
und die errötende, die wie verwirrt
nach einer kühlen sich hinüberwendet,
und wie die kühle fühllos sich zurückzieht,
und wie die kalte steht, in sich gehüllt,
unter den offenen, die alles abtun.
Und was sie abtun, wie das leicht und schwer,
wie es ein Mantel, eine Last, ein Flügel
und eine Maske sein kann, je nach dem,
und wie sie's abtun: wie vor dem Geliebten.

Was können sie nicht sein: war jene gelbe,
die hohl und offen daliegt, nicht die Schale
von einer Frucht, darin dasselbe Gelb,
gesammelter, orangeröter, Saft war?
Und wars für diese schon zu viel, das Aufgehn,
weil an der Luft ihr namenloses Rosa
den bittern Nachgeschmack des Lila annahm?
Und die batistene, ist sie kein Kleid,
in dem noch zart und atemwarm das Hemd steckt,
mit dem zugleich es abgeworfen wurde
im Morgenschatten an dem alten Waldbad?
Und diese hier, opalnes Porzellan,
zerbrechlich, eine flache Chinatasse
und angefüllt mit kleinen hellen Faltern, –
und jene da, die nichts enthält als sich.

Und sind nicht alle so, nur sich enthaltend,
wenn Sich-enthalten heißt: die Welt da draußen
und Wind und Regen und Geduld des Frühlings
und Schuld und Unruh und vermummtes Schicksal
und Dunkelheit der abendlichen Erde
bis auf der Wolken Wandel, Flucht und Anflug,
bis auf den vagen Einfluß ferner Sterne
in eine Hand voll Innres zu verwandeln.

Nun liegt es sorglos in den offnen Rosen.

KA 1 (Neue Gedichte), 508-510

DAS ROSEN-INNERE

Wo ist zu diesem Innen
ein Außen? Auf welches Weh
legt man solches Linnen?
Welche Himmel spiegeln sich drinnen
in dem Binnensee
dieser offenen Rosen,
dieser sorglosen, sieh:
wie sie lose im Losen
liegen, als könnte nie
eine zitternde Hand sie verschütten.
Sie können sich selber kaum
halten; viele ließen
sich überfüllen und fließen
über von Innenraum
in die Tage, die immer
voller und voller sich schließen,
bis der ganze Sommer ein Zimmer
wird, ein Zimmer in einem Traum.

KA 1 (Der Neuen Gedichte / Anderer Teil), 569

WILDER ROSENBUSCH

Wie steht er da vor den Verdunkelungen
des Regenabends, jung und rein;
in seinen Ranken schenkend ausgeschwungen
und doch versunken in sein Rose-sein;

die flachen Blüten, da und dort schon offen,
jegliche ungewollt und ungepflegt:
so, von sich selbst unendlich übertroffen
und unbeschreiblich aus sich selbst erregt,

ruft er dem Wandrer, der in abendlicher
Nachdenklichkeit den Weg vorüberkommt:
Oh sieh mich stehn, sieh her, was bin ich sicher
und unbeschützt und habe was mir frommt.

KA 2, 324

Rose, du thronende, denen im Altertume
warst du ein Kelch mit einfachem Rand.
Uns aber bist du die volle zahllose Blume,
der unerschöpfliche Gegenstand.

In deinem Reichtum scheinst du wie Kleidung um
    Kleidung
um einen Leib aus nichts als Glanz;
aber dein einzelnes Blatt ist zugleich die Vermeidung
und die Verleugnung jedes Gewands.

Seit Jahrhunderten ruft uns dein Duft
seine süßesten Namen herüber;
plötzlich liegt er wie Ruhm in der Luft.

Dennoch, wir wissen ihn nicht zu nennen, wir
    raten...
Und Erinnerung geht zu ihm über,
die wir von rufbaren Stunden erbaten.

SaO (Zweiter Teil, VI Sonett), 40

Rose, oh reiner Widerspruch, Lust,
Niemandes Schlaf zu sein unter soviel
Lidern.

KA 2, 394

LES ROSES / DIE ROSEN

I

Si ta fraîcheur parfois nous étonne tant,
heureuse rose,
c'est qu'en toi-même, en dedans,
pétale contre pétale, tu te reposes.

Ensemble tout éveillé, dont le milieu
dort, pendant qu'innombrables, se touchent
les tendresses de ce coeur silencieux
qui aboutissent à l'extrême bouche.

I

Wenn deine Frische uns manchmal so sehr erstaunt, glückliche Rose, so deshalb, weil in dir selbst, innen, Blütenblatt
gegen Blütenblatt, du dich ausruhst.

Ganz waches Zusammenwirken, dessen Mitte schläft, während, unzählige, die Zärtlichkeiten dieses verschwiegenen
Herzens sich berühren, die münden in den äußersten Mund.

II

Je te vois, rose, livre entrebâillé,
qui contient tant de pages
de bonheur détaillé
qu'on ne lira jamais. Livre-mage,

qui s'ouvre au vent et qui peut être lu
les yeux fermés ...,
dont les papillons sortent confus
d'avoir eu les mêmes idées.

II

Ich sehe dich, Rose, halb geöffnetes Buch, das so viele Seiten im einzelnen aufgeführten Glücks enthält, das man nie lesen wird. Zauber-Buch,

das sich dem Wind öffnet und das mit geschlossenen Augen gelesen werden kann ..., aus dem die Schmetterlinge herausfliegen, verwirrt, die gleichen Gedanken gehabt zu haben.

III

Rose, toi, ô chose par excellence complète
qui se contient infiniment
et qui infiniment se répand, ô tête
d'un corps par trop de douceur absent,

rien ne te vaut, ô toi, suprême essence
de ce flottant séjour;
de cet espace d'amour où à peine l'on avance
ton parfum fait le tour.

III

Rose, du, o vollzähliges Ding schlechthin, das sich unendlich enthält und sich unendlich verströmt, o Haupt eines
durch zuviel Süße abwesenden Körpers,

nichts wiegt dich auf, o du, äußerste Essenz dieses schwebenden Aufenthalts; in diesem Raum der Liebe, wohin
man kaum vordringt, macht dein Duft die Runde.

IV

C'est pourtant nous qui t'avons proposé
de remplir ton calice.
Enchantée de cet artifice,
ton abondance l'avait osé.

Tu étais assez riche, pour devenir cent fois toi-même
en une seule fleur;
c'est l'état de celui qui aime...
Mais tu n'as pas pensé ailleurs.

IV

Wir sind es doch, die dir vorgeschlagen haben, deinen Kelch
zu füllen. Entzückt von diesem Kunstgriff hatte dein Überfluß es gewagt.

Du warst reich genug, um hundertmal du selbst zu werden in einer einzigen Blume; das ist der Zustand dessen,
der liebt...
Aber du hast nirgendshin gedacht.

V

Abandon entouré d'abandon,
tendresse touchant aux tendresses…
C'est ton intérieur qui sans cesse
se caresse, dirait-on;

se caresse en soi-même,
par son propre reflet éclairé.
Ainsi tu inventes le thème
du Narcisse exaucé.

V

Hingabe, umgeben von Hingabe, Zärtlichkeit, die an Zärtlichkeiten rührt… Es ist dein Inneres, das ohne Unterlaß
sich liebkost, könnte man meinen;

sich in sich selbst liebkost, durch sein eigenes geklärtes Spie-
gelbild. So erfindest du das Motiv des erhörten Narziß.

VI

Une rose seule, c'est toutes les roses
et celle-ci: l'irremplaçable,
le parfait, le souple vocable
encadré par le texte des choses.

Comment jamais dire sans elle
ce que furent nos espérances,
et les tendres intermittences
dans la partance continuelle.

VI

Eine Rose allein, das ist alle Rosen und diese hier: das unersetzliche, das vollkommene, das anpassungsfähige Wort, umrahmt von dem Text der Dinge.

Wie jemals sagen ohne sie, was unsere Hoffnungen waren, und die zarten Pausen im beständigen Aufbruch.

VII

T'appuyant, fraîche claire
rose, contre mon œil fermé –,
on dirait mille paupières
superposées

contre la mienne chaude.
Mille sommeils contre ma feinte
sous laquelle je rôde
dans l'odorant labyrinthe.

VII

Wenn ich dich, frische klare Rose, gegen mein geschlossenes Auge halte –, so könnte man meinen, es wären tausend übereinander gelegte Lider

gegen das meine warme. Tausend Schlafe gegen meine Tarnung, unter der ich umherstreife in dem duftenden Labyrinth.

VIII

De ton rêve trop plein,
fleur en dedans nombreuse,
mouillée comme une pleureuse,
tu te penches sur le matin.

Tes douces dorces qui dorment,
dans un désir incertain,
dévelloppent ces tendres formes
entres joues et seins.

VIII

Von deinem übervollen Traum, innen vielzählige Blume,
feucht wie eine Weinende, neigst du dich über den Morgen.

Deine zarten Kräfte, die schlafen, in einem unbestimmtem
Begehren, bilden diese sanften Formen zwischen Wangen
und Brüsten.

IX

Rose, toute ardente et pourtant claire,
que l'on devrait nommer reliquaire
de Sainte-Rose..., rose qui distribue
cette troublante odeur de sainte nue.

Rose plus jamais tentée, déconcertante
de son interne paix; ultime amante,
si loin d'Ève, de sa première alerte –,
rose qui infiniment possède la perte.

IX

Rose, ganz glühende und dennoch klare, die man Reliquiar
der Heiligen Rose nennen müßte..., Rose, die diesen ver-
wirrenden Duft einer nackten Heiligen verströmt.

Rose, nie mehr in Versuchung geführte, verwirrend durch
ihren inneren Frieden; äußerste Liebende, so weit von
Eva, von ihrer ersten Bestürzung –, Rose, die den Verlust
unendlich besitzt.

X

Amie des heures où aucun être ne reste,
où tout se refuse au cœur amer;
consolatrice dont la présence atteste
tant de caresses qui flottent dans l'air.

Si l'on renonce à vivre, si l'on renie
ce qui était et ce qui peut arriver,
pense-t-on jamais assez à l'instante amie
qui à côté de nous fait son oeuvre de fée.

X

Freundin aus Stunden, wo kein Sein bleibt, wo alles sich
dem bitteren Herzen verweigert; Trösterin, deren Gegenwart so viele Zärtlichkeiten bezeugt, die in der Luft schweben.

Wenn man sich vom Leben lossagt, wenn man verleugnet, was war und was kommen kann, denkt man da jemals genug an die beharrliche Freundin, die neben uns ihr Feenwerk tut.

XI

J'ai une telle conscience de ton
être, rose complète,
que mon consentement te confond
avec mon cœur en fête.

Je te respire comme si tu étais,
rose, toute la vie,
et je me sens l'ami parfait
d'une telle amie.

XI

Ich habe solch ein Bewußtsein deines Wesens, vollzählige Rose, daß meine Zustimmung dich mit meinem feiernden Herzen verwechselt.

Ich atme dich ein, als wenn du, Rose, das ganze Leben wärst, und ich fühle mich als der vollkommene Freund einer solchen Freundin.

XII

Contre qui, rose,
avez-vous adopté

ces épines?
Votre joie trop fine
vous a-t-elle forcée
de devenir cette chose
armée?

Mais de qui vous protège
cette arme exagérée?
Combien d'ennemis vous ai-je
enlevés
qui ne la craignaient point.
Au contraire, d'été en automne,
vous blessez les soins
qu'on vous donne.

XII

Gegen wen, Rose, hast Du Dich mit diesen Dornen verse-
hen? Deine allzu zarte Freude, hat sie Dich gezwungen,
zu diesem bewaffneten Ding zu werden?

Aber vor wem schützt Dich diese übertriebene Waffe? Wie
viele Feinde habe ich von Dir abgesammelt, die sie nicht
fürchteten. Im Gegenteil, von Sommer bis Herbst verletzt
Du die Fürsorge, die man Dir gibt.

XIII

Préfères-tu, rose, être l'ardente compagne
de nos transports présents?

Est-ce le souvenir qui davantage te gagne
lorsqu'un bonheur se reprend?

Tant de fois je t'ai vue, heureuse et sèche,
– chaque pétale un linceul –
dans un coffret odorant, à côté d'une mèche,
ou dans un livre aimé qu'on relira seul.

XIII

Ziehst du es vor, Rose, die glühende Begleiterin unserer gegenwärtigen Leidenschaft zu sein? Gewinnt Dich die Erinnerung mehr ⟨für sich⟩, wenn ein Glück sich wiederholt?

So oft habe ich dich gesehen, glücklich und getrocknet –
jedes Blütenhaar ein Leichentuch – in einem duftenden
Kästchen, neben einer Haarlocke, oder in einem geliebten
Buch, das man wieder lesen wird, allein.

XIV

Été: être pour quelques jours
le contemporain des roses;
respirer ce qui flotte autour
de leurs âmes écloses.

Faire de chacune qui se meurt
une confidente,
et survivre à cette sœur
en d'autres roses absente.

XIV

Sommer: für ein paar Tage der Zeitgenosse der Rosen sein;
atmen, was um ihre aufgeblühten Seelen schwebt.

Aus jeder, die dahinstirbt, eine Vertraute machen und diese
abwesende Schwester in anderen Rosen überleben.

XV

Seule, ô abondante fleur,
tu crées ton propre espace;
tu te mires dans und glace
d'odeur.

Ton parfum entoure comme d'autres pétales
ton innombrable calice.
Je te retiens, tu t'étales,
prodigieuse actrice.

XV

Allein, o verschwenderische Blume, schaffst du dir deinen
eigenen Raum; du bespiegelst dich in einem Spiegel aus
Duft.

Dein Parfum umgibt wie weitere Blütenblätter deinen un-
zählbaren Kelch. Ich halte dich fest, du breitest dich aus,
wunderbare Schauspielerin.

XVI

Ne parlons pas de toi. Tu es ineffable
selon ta nature.
D'autres fleurs ornent la table
que tu transfigures.

On te met dans un simple vase –,
voici que tout change:
c'est peut-être la même phrase,
mais chantée par un ange.

XVI

Sprechen wir nicht von dir. Du bist deinem Wesen nach un-
sagbar. Andere Blumen schmücken den Tisch, den du ver-
wandelst.

Man stellt dich in eine einfache Vase –, schon verändert
sich alles: es ist vielleicht dieselbe Phrase, aber gesungen
von einem Engel.

XVII

C'est toi qui prépares en toi
plus que toi, ton ultime essence.
Ce qui sort de toi, ton ultime essence.
Ce qui sort de toi, ce troublant émoi,
c'est ta danse.

Chaque pétale consent
et fait dans le vent
quelques pas odorants
invisibles.

Ô musiques des yeux,
toute entourée d'eux,
tu deviens au milieu
intangible.

XVII

Du bist es, die in dir mehr als dich bereitet, deine letzte Essenz. Was aus dir heraustritt, diese betörende Erregung, das ist dein Tanz.

Jedes Blütenblatt willigt ein und macht im Wind ein paar duftende unsichtbare Schritte.

O Musik der Augen, von ihnen ganz umgeben, wirst du, in ihrer Mitte, unberührbar.

XVIII

Tout ce qui nous émeut, tu le partages.
Mais ce qui t'arrive, nous l'ignorons.
Il faudrait être cent papillons
pour lire toutes tes pages.

Il y en a d'entre vous qui sont comme des
dictionnaires;

ceux qui les cueillent
ont envie de faire relier toutes ces feuilles.
Moi, j'aime les roses épistolaires.

XVIII

Alles, was uns bewegt, du teilst es. Aber was dir widerfährt,
wir wissen es nicht. Man müßte hundert Schmetterlinge
sein, um alle Deine Seiten zu lesen.

Es gibt unter euch einige, die wie Wörterbücher sind; dieje-
nigen, die sie pflücken, haben Lust, all diese Blätter binden
zu lassen. Ich, ich liebe die Brief-Rosen.

XIX

Est-ce en exemple que tu te proposes?
Peut-on se remplir comme les roses,
en multipliant sa subtile matière
qu'on avait faite our ne rien faire?

Car ce n'est pas travailler que d'être
une rose, dirait-on.
Dieu, en regardant par la fenêtre,
fait la maison.

XIX

Bietest du dich als Beispiel an? Kann man sich füllen wie die
Rosen, indem man die eigene feine Materie vervielfacht,
die man erzeugt hatte, um nichts zu erzeugen?

Denn das ist nicht arbeiten, eine Rose zu sein, möchte man
sagen. Gott, durchs Fenster schauend, baut das Haus.

XX

> Dis-moi, rose, d'où vient
> qu'en toi-même enclose,
> ta lente essence impose
> à cet espace en prose
> tous ces transports aérien?
>
> Combien de fois cet air
> prétend que les choses le trouent,
> ou, avec une moue,
> il se montre amer.
> Tandis qu'autour de ta chair,
> rose, il fait la roue.

XX

Sag mir, Rose, woher kommt es, daß, in dir selbst einge-
schlossen, deine träge Essenz diesem Prosa-Raum all diese
luftigen Verzückungen auferlegt?

Wie oft behauptet diese Luft, daß die Dinge sie durchboh-
ren, oder erweist sich, mit verdrießlichem Gesicht, als bitter. Während sie um dein Fleisch, Rose, das Rad schlägt.

XXI

> Cela ne te donne-t-il pas le vertige
> de tourner autour de toi sur ta tige

85

pour te terminer, rose ronde?
Mais quand ton propre élan t'inonde,

tu t'ignores dans ton bouton.
C'est un monde qui tourne en rond
pour que son calme centre ose
le rond repos de la ronde rose.

XXI

Macht dich das nicht schwindeln, dich um dich herum zu
drehen auf deinem Stiel, um dich zu vollenden, runde Rose? Aber wenn dein eigener Schwung dich überströmt,

kennst du dich nicht in deiner Knospe. Das ist eine Welt,
die sich im Kreis dreht, damit ihre stille Mitte die runde
Ruhe der runden Rose wagt.

XXII

Vous encor, vous sortez
de la terre des morts,
rose, vous qui portez
vers un jour tout en or

ce bonheur convaincu.
L'autorisent-ils, eux
dont le crâne creux
n'en a jamais tant su?

Du wieder: Du kommst hervor aus der Erde der Toten,
Rose, Du, die einem Tag ganz aus Gold

dieses überzeugte Glück entgegenträgt. Erlauben sie das,
sie, deren hohler Schädel nie so viel davon gekannt hat?

XXIII

Rose, venue très tard, que les nuits amères arrêtent
par leur trop sidérale clarté,
rose, devines-tu les faciles délices compètes
de tes sœurs d'été?

Pendant des jours et des jours je te vois qui hésites
dans ta gaine serrée trop fort.
Rose qui, en naissant, à rebours imites
les lenteurs de la mort.

Ton innombrables état te fait-il connaître
dans un mélange où tout se confond,
cet ineffable accord du néant et de l'être
que nous ignorons?

XXIII

Rose, sehr spät gekommene, die die bitteren Nächte auf-
halten mit ihrer zu sternigen Helligkeit, Rose, errätst du
die leichten vollkommenen Wonnen deiner sommerlichen
Schwestern?

Während Tagen und Tagen sehe ich dich, die du zögerst in deiner zu stark geschnürten Hülle. Rose, die du, im Zur-Welt-Kommen, die Langsamkeiten des Sterbens in entge-gengesetzter Richtung nachahmst.

Dein unzählbarer Zustand läßt er dich erkennen, in einer Mischung, wo alles ineinander übergeht, diesen unaus-sprechlichen Einklang des Nichts und des Seins, von dem wir nichts wissen?

XXIV
Rose, eût-il fallu te laisser dehors,
chère exquise?
Que fait une rose là où le sort
sur nous s'épuise?

Point de retour. Te voici
qui partages
avec nous, éperdue, cette vie, cette vie
qui n'est pas de ton âge.

XXIV
Rose, hätte man dich draußen lassen sollen, liebe Köstliche? Was macht eine Rose da, wo das Schicksal sich über uns ver-braucht?

Kein Zurück. Hier bist du, die du teilst mit uns, bestürzt, dieses Leben, das nicht von deiner Zeit ist.

KA 5 (Les Roses / Die Rosen), 110-129

FEIGENBAUM, seit wie lange schon ists mir
  bedeutend,
wie du die Blüte beinah ganz überschlägst
und hinein in die zeitig entschlossene Frucht,
ungerühmt, drängst dein reines Geheimnis.
Wie der Fontäne Rohr treibt dein gebognes Gezweig
abwärts den Saft und hinan: und er springt aus dem
  Schlaf,
fast nicht erwachend, ins Glück seiner süßesten
  Leistung.
Sieh: wie der Gott in den Schwan.
            ...... Wir aber verweilen,
ach, uns rühmt es zu blühn, und ins verspätete Innre
unserer endlichen Frucht gehn wir verraten hinein.
Wenigen steigt so stark der Andrang des Handelns,
daß sie schon anstehn und glühn in der Fülle des
  Herzens,
wenn die Verführung zum Blühn wie gelinderte
  Nachtluft
ihnen die Jugend des Munds, ihnen die Lider
  berührt:
Helden vielleicht und den frühe Hinüberbestimmten,
denen der gärtnernde Tod anders die Adern verbiegt.
Diese stürzen dahin: dem eigenen Lächeln
sind sie voran, wie das Rossegespann in den milden
muldigen Bildern von Karnak dem siegenden König.

DE (aus der sechsten Duineser Elegie), 24

89

IRRE IM GARTEN
Dijon

Noch schließt die aufgegebene Kartause
sich um den Hof, als würde etwas heil.
Auch die sie jetzt bewohnen, haben Pause
und nehmen nicht am Leben draußen teil.

Was irgend kommen konnte, das verlief.
Nun gehn sie gerne mit bekannten Wegen,
und trennen sich und kommen sich entgegen,
als ob sie kreisten, willig, primitiv.

Zwar manche pflegen dort die Frühlingsbeete,
demütig, dürftig, hingekniet;
aber sie haben, wenn es keiner sieht,
eine verheimlichte, verdrehte

Gebärde für das zarte frühe Gras,
ein prüfendes, verschüchtertes Liebkosen:
denn das ist freundlich, und das Rot der Rosen
wird vielleicht drohend sein und Übermaß

und wird vielleicht schon wieder übersteigen,
was ihre Seele wiederkennt und weiß.
Dies aber läßt sich noch verschweigen:
wie gut das Gras ist und wie leis.

KA 1 (Der Neuen Gedichte / Anderer Teil), 537

HERBST

Die Blätter fallen, fallen wie von weit,
als welkten in den Himmeln ferne Gärten;
sie fallen mit verneinender Gebärde.

Und in den Nächten fällt die schwere Erde
aus allen Sternen in die Einsamkeit.

Wir alle fallen. Diese Hand da fällt.
Und sieh dir andre an: es ist in allen.

Und doch ist Einer, welcher dieses Fallen
unendlich sanft in seinen Händen hält.

KA 1 (Das Buch der Bilder), 282-283

ENDE DES HERBSTES

Ich sehe seit einer Zeit,
wie alles sich verwandelt.
Etwas steht auf und handelt
und tötet und tut Leid.

Von Mal zu Mal sind all
die Gärten nicht dieselben;
von den gilbenden zu der gelben
langsamem Verfall:
wie war der Weg mir weit.

Jetzt bin ich bei den leeren
und schaue durch alle Alleen.
Fast bis zu den fernen Meeren
kann ich den ernsten schweren
verwehrenden Himmel sehn.

KA 1 (Das Buch der Bilder), 282

LIEDER DER MÄDCHEN

Ihr Mädchen seid wie die Gärten
am Abend im April:
Frühling auf vielen Fährten,
aber noch nirgends ein Ziel.

KA 1 (Mir zur Feier), 87

Eh der Garten ganz beginnt
sich der Güte hinzugeben,
stehn die Mädchen drin und beben
vor dem zögernden Erleben,
und aus engen Ängsten heben
sie die Hände in den Wind.

Und sie gehn auf scheuen Schuhn,
als ob sie die Kleider preßten;
und das sind die ersten Gesten,
die sie im Gefühl von Festen
ihrem Traum entgegentun …

KA 1 (Mir zur Feier), 90-91

Noch ahnst du nichts vom Herbst des Haines,
drin lichte Mädchen lachend gehn;
nur manchmal küßt wie fernes, feines
Erinnern dich der Duft des Weines, –
sie lauschen, und es singt wohl eines
ein wehes Lied vom Wiedersehn.

In leiser Luft die Ranken schwanken,
wie wenn wer Abschied winkt. – Am Pfad
stehn alle Rosen in Gedanken;
sie sehen ihren Sommer kranken,
und seine hellen Hände sanken
leise von seiner reifen Tat.

KA 1 (Mir zur Feier), 91

Die Mädchen am Gartenhange
haben lange gelacht
und mit ihrem Gesange
wie mit weitem Gange
sich müd gemacht.

Die Mädchen bei den Zypressen
zittern: Die Stunde beginnt,
da sie nicht wissen, wessen
alle Dinge sind.

KA 1 (Mir zur Feier), 93

IM VORGÄRTCHEN
Skizze

WAS einem doch bisweilen für Gedanken kommen.....
Gestern zum Beispiel. Sitze ich da wieder neben Frau Lucy
im Vorgärtchen ihres Landhauses. Die junge blonde Frau
mit den großen tiefen Augen schweigt, sieht zum atlasblan-
ken Abendhimmel auf und weht sich Kühlung mit einem
Brüsseler Spitzentuch. Und der Duft, der so prickelnd
durch meine Nerven rinnt, kommt der von dem fächelnden
Tuche her oder dort von dem Fliederstrauch?

»Dieser prächtige Flieder.....« sagte ich – nur um etwas
zu sagen. Denn das Schweigen ist ein heimlicher Waldsteg,
auf dem verstohlene Gedanken hin und wider huschen.
Also nur nicht schweigen!

Sie hatte jetzt die Augen geschlossen und den Kopf zu-
rückgelehnt, so, daß das volle Abendlicht auf den feinge-
äderten Lidern lag. Die Nasenflügel bebten leise wie die
Schwingen eines kleinen Falters, der an einer jungen Rose
nippt. Ihre Hand lag zufällig auf der Armlehne meines
Stuhles hart neben der meinen. Ich glaubte ihr leichtes Zittern in meinen Fingerspitzen zu spüren. – Nicht nur in den
Fingerspitzen. Durch den ganzen Körper floß mirs bis zum
Hirn und nahm mir alle, alle Gedanken – nur den einen
nicht...... Und dieser formte und ballte sich wie eine
Gewitterwolke im Gebirge: »Sie ist die Frau eines an-
dern...«

Teufel auch! Das wußte ich doch längst. Und dieser andere war sogar mein Freund. – Aber heute kam mir dieser sonderbare Gedanke immer wieder und ich hatte ein Gefühl dabei wie ein Bettelkind, das zu den Herrlichkeiten im Zuckerbäckersschaufenster sehnsuchtsvoll hinüberstaunt........

»Worüber denken Sie nach, gnädige Frau?« – riß ich mich aus meinem Sinnen.

Sie lächelte: »Wie Sie ihm ähnlich sehen!«

»Wem?«

Sie wandte den Blick und setzte sich zurecht: »Meinem verstorbenen Bruder!«

»So. Ist er jung verstorben?«

Sie seufzte: »Sehr jung. Er hat sich erschossen. Der Arme! Er war ein prächtiger, braver Mensch. Warten Sie, nächstens zeig ich Ihnen sein Bild.«

»Hatten Sie mehrere Geschwister?« lenkte ich ab.

Sie schien kaum gehört zu haben. Ihr helles Auge lag mit verwirrender Ruhe auf mir. Groß wie ein ganzer Himmel.

»Der Zug um die Augen, dieser Mund...« – wie im Traume sagte sie das.

Ich bemühte mich ihr ruhig ins Gesicht zu sehen. Es war mir sehr schwer. Sie betrachtete mich lange. Dann rückte sie den Stuhl näher, und ihre Stimme hatte einen innigen, vertraulichen Ton, als sie von ihrem Bruder erzählte. Sie sprach leise, und ihr Haupt war mir so nahe, daß ich den Duft ihres blonden Haares spürte. Die lebhafte Erinnerung an Glück und Weh entflammte ihr Auge und belebte ihr Antlitz. Im Feuer der Erregung erschienen mir ihre Züge so bekannt, als wäre ich der teure Tote, dessen sie gedachte.

Diese Augen..... dieser Mund..... dachte ich – das ist *mein* Gesicht, nur veredelt, verfeinert.....

Und als sie endlich, ein Schluchzen in der Kehle, verstummte und das zarte Köpfchen in die Brüsseler Spitzen vergrub, da hätte ich rufen mögen: Ich bins! ich bins! Lebend genoß ich das Glück, von solch einem Weibe beweint zu werden........ und ich weiß nicht, wie's kam, ich strich ihr mit der Hand ganz leise über den abendroten Scheitel. Sie ließ es geschehen.

Dann hob sie die Augen, die voller Licht waren: »Wenn er doch lebte!« sagte sie nachdenklich. »Wir wären beisammen geblieben und ich hätte nie geheiratet...«

Ich horchte auf.

Und jetzt brach ihre Natur durch: Sie weinte heftig und stürmisch.

Ich sah wie die Sonne starb, und dachte: »Sie ist eines anderen Frau...«

Aber ihr Weinen übertönte diesen Gedanken.

Und ehe noch der Sonnenrand ganz hinter den violetten Hügeln versunken war, lag ihr Köpfchen an meiner Brust, und ihr wirres, goldenes Haar kitzelte mein Kinn. Und dann küßte ich der blonden Frau Lucy die tauhellen Tränen fort, und zugleich mit den ersten, blassen Sternen dort oben blühte ein Lächeln auf ihren roten Lippen.....

.....Als ich eine Stunde später ihrem Gatten an der Gartentür begegnete, bemerkte ich just da er mir die Hand entgegenstreckte ein Stäubchen an meiner Kravatte. Dieses Stäubchen! Ich verlor es nicht aus dem Auge und bemühte mich, es mit der einen Hand fortzuknipsen, während ich die andere hastig in seine legte. –

Werke IV, 479-482

Aber erweckten sie uns, die unendlich Toten, ein
   Gleichnis,
siehe, sie zeigten vielleicht auf die Kätzchen der
   leeren
Hasel, die hängenden, oder
meinten den Regen, der fällt auf dunkles Erdreich
   im Frühjahr. –

Und wir, die an s t e i g e n d e s Glück
denken, empfänden die Rührung,
die uns beinah bestürzt,
wenn ein Glückliches f ä l l t.

DE (aus der zehnten Duineser Elegie), 39-40

Irgendwo blüht die Blume des Abschieds und
  streut
immerfort Blütenstaub, den wir atmen, herüber;
auch noch im kommendsten Wind atmen wir
  Abschied.

KA 2, 385

GEDANKEN ÜBER GARTEN UND NATUR AUS RAINER MARIA RILKES BRIEFEN UND TAGEBÜCHERN

Meistentheils aber sitze ich in dem kleinen Gärtchen, welches das Wohnhaus meiner Verwandten umrahmt in wein-
laubüberdachter Laube und träume mir die Seele voll. Das
ist nun auch wieder unmodern.

An Láska van Oesterén, 2.9.1896, LvO, 46

…und Blumen kamen, diese wunderschönen Blumen, die
uns die ganze Stube mit ihrem Dufte wie mit Liebkosungen
erfüllten. Sie standen […] auf allen Tischen und an ihnen
erkannten wir, daß es Frühling ist und Ostern.

Draußen war gerade an den beiden Festtagen nichts davon zu merken – Ostersonntag gab es Sturm und Ha-
gel […]. Aber seither sind auch wieder einige wunder-
schöne Frühlingstage gekommen: Tage wie der gestrige
und der heutige, wo es eine wahre Freude ist, daß man
einen Garten vor dem Fenster hat und ein wenig hinaus-
gehen und das schwarze Land umgraben kann, das sich
so erwartungsvoll in junger Sonne und im starken Winde
dehnt!

An Sophie (›Phia‹) Rilke, 10.4.1902, BrM 1, 310-311

Aber daß ich so wenig w e i ß, quält mich oft; vielleicht nur,
daß ich so wenig von den Blumen weiß und von den Thie-
ren und von den einfachen Vorgängen, in denen das Leben

wie Volkslied aufsteigt. Und darum nehme ich mir immer vor, besser zu schauen, anzuschauen, mit mehr Geduld, mit mehr Versenkung wie vor Schauspielen vor dem Geringen zu stehen, an dem ich oft vorbeigegangen bin. In dem Unscheinbaren gehen die Gesetze am arglosesten umher, weil sie sich unbeobachtet meinen, allein mit dem Dinge. Das Gesetz ist groß in dem Kleinen und sieht an allen Seiten daraus hervor und bricht aus ihm aus. Und wenn ich nur lernen könnte, täglich zu schauen, dann wäre auch die tägliche Arbeit nicht mehr fern, nach der ich mich so namenlos sehne …

An Lou Andreas-Salomé, 10.8.1903, RMR/LAS, 106

Seit vierzehn Tagen wohne ich in Florenz.

[…] Die Wand meines Zimmers ist nach außen hin mit gelben, reif duftenden Rosen und kleinen gelben Blumen überblüht, die wilden Heckenröschen nicht unähnlich sind; sie steigen nur etwas stiller und gehorsamer die hohen Spaliere hinauf, zwei zu zwei, etwa wie die Engel des Fra Fiesole zu Lohn und Lobgesang des Jüngsten Gerichtes. In Steinbecken vor diesen Mauern sind viele Stiefmütterchen wach geworden, die wie warme, wachsame Augen dem Tun und Ruhn meiner Tage nachgehen. Ich möchte immer so sein, daß sie nicht erstaunen müssen über mich und daß ich ihnen wenigstens in meinen tiefsten Stunden wie ein lang verwandtes Wesen erscheine, dessen letzter

Glaube ein festlicher und lichter Frühling ist und weit dahinter eine schwere, schöne Frucht. –

Nun bin ich, liebe Lou, in meinem kleinen Garten-Haus
und es ist nach vieler Unruhe die erste stille Stunde darin;
nun hat alles in dem schlichten Raum seine Stelle, wohnt
und lebt und läßt sich Tag und Nacht geschehen; und draußen, wo so viel Regen war, ist ein Frühlingsnachmittag,
sind die Stunden irgend eines Frühlings, der vielleicht morgen nichtmehr sein wird, der aber jetzt ist wie von Ewigkeit her: so sehr im Gleichgewichte ist der leichte schlan-
ke Wind, dem sich die Blätter nachbewegen, des Lorbeers
glänzende Blätter und die unscheinbaren Blätterbündel in
den Steineichen-Büschen, so getrost sind die kleinen röth-
lichen Knospen an den kaum leergewordenen Bäumen und
so groß ist der Duft, der aufsteht aus dem lichtgraugrünen
Narzissenfeld in meinem stillen Gartenthal, das ein alter
Brückenbogen nachdenklich überspannt. Ich habe von meinem flachen Dach die schweren Reste des Regens gefegt
und welke Eichenblätter zur Seite geräumt und das hat
mich warm gemacht und nun, nach der kleinen wirklichen
Arbeit, klingt mir das Blut wie in einem Baum. Und mir ist,
zum allerersten Mal nach langer Zeit, ein ganz klein wenig
frei und festlich zu-muth und so, als ob Du bei mir eintreten könntest…

Auch dieses glückliche Gefühl wird wieder vorübergehen und wer weiß, ob nicht hinter den fernen Bergen, eine Regennacht sich vorbereitet, die mein Dach wieder überschwemmt und ein zerrender Wind, der meine Wege wieder mit Welkem füllt –

An Lou Andreas-Salomé, 15. 1. 1904, RMR/LAS, 127-128

Die Levkojen in meinem kleinen Garten blühen wie bei uns im tiefen Sommer, der hohe Goldlack duftet weithin und die schönen Pyrrhussträucher stehn mit ihren schönen warmrothen Blüten besteckt in vollster Freude da. Und nun sind auch die Pfirsichbäume, die hier wild im Gelände aufwachsen, an die Reihe gekommen. Die Tag- und Nachtgleiche freilich hat wieder Stürme gebracht und Kälte, und alle sagen das Jahr wäre sehr im Rückstand gegen andere Jahre.

An Sophie (›Phia‹) Rilke, 25. 03. 1907, BrM 1, 546

Was die Kirsch-Blüten-Blume angeht, so hab ich eine neulich im bollhägner Bruch (der kleinen Waldung vor Heiligendamm) gepflückt, sie den ganzen Weg betrachtend mit mir nehmend: so verwunderte mich ihre Art, weiß zu sein aus lauter Wiesengrün heraus, weiß mit grünem Blut im Herzen –; ich rathe auf eine kleine Sumpf-Anemone, dazu angeleitet durch das anemönige Blatt unten am Stengel, das

hier wunderlich tief ansitzt, aber doch da unten schon wußte, daß es oben zu diesem kleinen Geschöpf kommen wird,
für das es wahrscheinlich einen Schild bildet, oder auch nur
einen verbreiteten Ableiter der zu-vielen Feuchtigkeit der
Wiesen, die hier eine Weile auf andere Gedanken gebracht
wird, damit inzwischen oben die Blume auf ihr Weiß kommen kann, zu dem eine Spur von Trockenheit gehört.

Die Rosen sind schön, schön, reich, und rühmen einem,
wie sie so dastehn, das eigene Herz, unermeßlich.

An Ellen Schachian-Delp, 14.8.1913, RU/ED, 11

Der erste Moment schon zeigte mir hier, daß ich Recht
hatte, zunächst einmal zurückzukehren, um mindestens
so lange hier zu sein, als die Herbstblumen in den Gärten
noch nicht Schwarz geworden sind. Es taucht jeden Morgen eine recht große Flora aus dem Nebel –, […].

An Katharina Kippenberg, 24.10.1913, RMR/KK, 67

Jetzt ist mir *der* Frühling der fühlbarste, den ich vom süd-
lichen Italien her wusste und vor dem ich, genau vor einem
Jahr, in der südspanischen Berglandschaft stand, namenlos
fühlend. Dort, wo man die Sonne den ganzen Winter über
nicht nur als Bild gegenwärtig hat, sondern in kaum ver-
minderten Einwirkungen begreift man nicht so sehr aus

ihr das unaufhaltsame Glück, das sich ereignen will, sogar sieht man ohne zu große Lust die Fortschritte einiger kleiner Mandelbäume und die zunehmende Prahlerei des Himmels, aber lass nur unvermuthet einen lauen verdeckten Tag kommen, horch, wie von früh an ein Gefühl *mehr* ist in den Vogellauten, wie sie dunkler geworden sind, sich fast ernst abheben, sich rein hinmalen in die weiche Stille; tritt hinaus: fast mit der Schonung die Du von der Innenseite Deiner eignen Lider kennst, ruht das Grau Dir an das Aug, fast wie Schlaf; und da erst wird Dir der Bäume, über Nacht blühenderes, Rosa zum Wunder, da es *stark* ist vor der Unscheinbarkeit des verhaltenen Regens, stark aus Seeligkeit (gar nicht überschwänglich) und nun stell Dich so, dass es die Erde zum Hintergrund hat, sieh: unsere, die schwere bereitete mühsame Erde: auch so ist es noch stark, das Rosa –, anders stark, wie man stark ist, wenn man nicht weinen will.

(Stellen aus meinem Taschenbuche, geschrieben vor einem Jahr in Spanien, angesichts der Mandelbäume):

> Die Mandelbäume in Blüthe: alles, was
> wir hier leisten können, ist, sich ohne Rest erkennen in der irdischen Erscheinung.
> Unendlich staun ich euch an, ihr Seeligen, euer Benehmen,
> wie ihr die schwindliche Zier traget in ewigem Sinn.
> Ach wer's verstünde zu blühn: dem wäre das Herz über alle

schwachen Gefahren hinaus und in der großen
getrost.

An Magda von Hattingberg, 9. [11.]2 1914, RMR/MvH, 65-66

Ich bin wie die kleine Anemone, die ich einmal in Rom im
Garten gesehen habe, sie war tagsüber so weit aufgegangen,
daß sie sich zur Nacht nicht mehr schließen konnte. Es war
furchtbar sie zu sehen in der dunkeln Wiese, weitoffen, immer noch aufnehmend in den wie rasend aufgerissenen
Kelch, mit der vielzuvielen Nacht über sich, die nicht alle
wurde. Und daneben alle die klugen Schwestern, jede zuge-
gangen um ihr kleines Maaß Überfluß.

An Lou Andreas-Salomé, 26.6.1914, RMR/LAS, 337

Wie oft, liebe Lou, in diesem ungeheuerlichen August, wußte ich, daß es eine einzige Stelle gäbe, wo er wirklich zu
überstehen wäre: bei Dir, in Deinem Garten; denn wenn
zwei Menschen denkbar sind, denen diese unvermuthete
Zeit genau das gleiche Leid bereitet, das gleiche tägliche
Entsetzen: so sind wirs, – wie sollten wir nicht?

An Lou Andreas-Salomé, 9.9.1914; RMR/LAS, 351-352

Der Garten in Chur, beim »alten Gebäu« (nach jenem Tscharner'schen Buche der alten Bibliothek) »Die Perle der Gärten Graubündens«, ist an einen Gärtner vermiethet, der die alten Bäume gestürzt hat, um ihn möglichst für seine Beete auszunutzen, – die Wandnische, in der einst Wasserkünste spielten, war eben noch vorhanden, – der jetzige Bewohner des noch schön und geschont erhaltenen Hauses, ein Baron Salis […] führte mich, wehmüthig, durch die übersonnigen Gartenwege und in den kühlen, hinter verschlossenen Läden dämmernden Palast –, denselben übrigens in dem drei Tage vorher der vierundneunzigjährige Freiherr Daniel gestorben war –.

An Gudi Nölke, 29. 9. 1919, GN, 10-11

Liebe, was sind die Rosen heut schön in der Fayence-Urne, – sie lassen sich aus sich herausfallen, viele, und sind doch noch ganz voll jede: man sieht, wie überfüllt sie waren, hundertmal Rose, jede einzelne. Nun verlassen sie sich: eine schöne chopin'sche Traurigkeit.

An Nanny Wunderly-Volkart, 19. 12. 1919, NWV I, 43

[…] Marie Laurencin, – ich kannte sie in Paris nicht, aber ihre Zeichnungen und Bilder […] waren mir immer ganz und gar beglückend, […]. Wenn Rosen von Mädchen sprechen könnten, von Mit-Rosen, von einem schlanken Hund, von der Juny-Luft, von dem Schatten in ihrem eigenen Kelch –: so würden sie sich *so* ausdrücken, wie Marie Laurencin es thut.

An Gudi Nölke, 15. 1. 1920, GN, 36

Die von Ihnen so sorgfältig, so lieb besorgten Blumen waren schon am Vor-Abend da, die lustigen Anemonen, die Levkojen, die Margueriten, die Veilchen und, vor allem die weißen Rosen, wie haben Sie's nur ermöglicht, sie zu bekommen, – bei Kraemer also, wo wir einmal die Rosen für Mme Pitoëff geholt haben.

An Nanny Wunderly-Volkart, 8. 2. 1920, NWV I, 147

Und das Büchlein vom ›Thee‹: *Ihres*, Nike, aber mit einigen, meinigen Anzeichnungen, da es erst mein Buch gewesen ist. Das Kapitel ›Blumen‹ las ich zuerst. Ists nicht ein wunderbares Wort das vom »zarten Nutzen des Unnützen«. Aber ein wie östlich entlegenes Wort. Wie wenig Recht kommt uns zu, es für uns in Anspruch zu nehmen. Auch, daß der kleine Aufsatz sich hütet, sentimental zu werden, ist schön und leider auch dies wenig unser: Europäer, wo sie je auf den Gedanken der Schonung verfallen, bleiben immer sentimental, – siehe: Wohltätigkeit, siehe: Thierschutz.…../ Liebe, Liebe, das kleine Buch kommt in eben *die* Hände, die eben so zart im Garten gehandelt haben, ohne das »kalte Eisen«.

An Nanny Wunderly-Volkart, 10. 3. 1920, NWV I, 180

Nicht weniger als drei kleine Glücks-Käfer, gelbe mit schwarzen Punkten, promenieren die Einfassung der Fensterscheibe entlang, keiner entschließt sich, zu mir herüber zu fliegen. Sie machen mir immer Eindruck, wenn sie, konfus, wie das Glück selber, ankommen und nicht ohne einige Unordnung und Verlegenheit ihre Schleierflügelchen unter die harten runden Flügelschalen zurückziehen. Wie kommen sie wohl dazu, Glück zu bedeuten?, – da gleich drei mir gegenüber sitzen, können sie nicht so ungemein selten sein. Oder sind alle drei, die es heute am 28. März von Basel bis Liesthal giebt in meinem Zimmer?

An Nanny Wunderly-Volkart, 28. 3. 1920, NWV I, 200-201

Ne croyez pas, d'apres ma dernière lettre, Chère, que je suis un ingrat, qui n'estime pas assez ce qui l'entoure –: ich weiß, *was* ein Blütenbaum ist, und ich seh ihn ja *doch* verständigt an, jeden, jeden –, nur, es schmerzt, das Alles in so unendlicher Bedeutung gezeigt bekommen zu haben einmal und nicht in diesem letzten Sinne davon ergriffen zu sein. Diese Mandel-Bäume in Ronda, vor dem braunrothen Erdreich gesehen, das hatte nichts mit allen den Rührungen zu thun, die einem der Frühlingsmoment bereiten kann, wenn man ihn in eine Gleichung des Herzens stellt, das war über alle hiesigen Bedingungen und Hoffnungen hinaus, und wer ihn einmal so verstanden hat, diesen Moment, der muß sein Leben innen innen einrichten, dort, wo ihm dies widerfuhr, *dort* muß er wohnen und aushalten, – und mein Unglück ist, daß ich immer noch, immer wieder, hinausseh, und sitz und starr solche A-B-C-Bäumchen an, die freilich nicht die Offenbarung sind, und es kränkt mich, daß die Usines vom Thal herüberhämmern, als machten sie dieses Blühn von sich aus un-zeit-gemäß.

An Nanny Wunderly-Volkart, 3.4.1920, NWV I, 205

Was mir hier sehr fehlt, ist der Garten. Sie fragten einmal. Wir haben wirklich keinen auf dem Schönenberge, die Häuser des Gutes liegen in der unabgegrenzt offenen Landschaft, höchstens, daß die nächsten Pappeln und Linden zu ihnen (zu dem alten Hause vor allem) eine Art Konstellierung einhalten. Da verliert sich denn manches im zu Weiten, Offenen, was man gerne an geordneten Wegen beisammen sähe – und selbst die Gartenmauern entbehrt man, an denen ein so fröhliches Blühen, Auf- und Hin- und Hinüberwachsen möglich ist. Ach, und daß wir durch den Hang vom Süden abgetrennt sind und nach Norden sehen, das macht sich auch noch empfindlich –, was aber alles in allem meine geringsten Klagen wären.

An Gudi Nölke, 20. 4. 1920, GN, 48-49

Was waren diese zwei letzten Tage fürchterlich, wie unter einer Halbkugel von Blei, wobei man nicht nur ihre Schwere trug, sondern auch wie umgeben war von dem kalten Anhauch eines grauen Metalles. [...].

Da sitz ich, die Bleikappe ist nicht mehr über uns gestellt, es weht aus Nordost, der Himmel ist aprilig, wie er soll, Stellen blassen Blaus, diffuses Gewölk, silbriges Licht über der Weite. Und wie die Bäume zugenommen haben; nur die Silberpappel und am Westfenster die Platane zögern noch, alles andere steht schon in seiner Dichte, – und die Wiesen hoch, links unten, wo's ans Gehölz hinunter geht, ist eine Volksversammlung des Löwenzahns. Einzelne Bauern haben schon ihr kleines Rasenstück geschnitten, in der Stadt sah ich den Flieder blühen, nach den Kastanien wag ich kaum aufzusehen (den immer in Paris erlebten!) aus Furcht, die Entbehrung könnte dann unerträglich werden. Hier entbehr ich doch alles jenes Beistands, der aus dem Umgebenden wirkt, seltsam: ein Park, vom Coupéfenster aus gesehen, ergreift mich mehr, tröstet und macht mich fühlender, als alles, was ich hier um mich habe. Ist es auch begreiflich, daß man hier angesessen ist durch Jahrzehnte, ohne sich einen Garten anzulegen?

An Nanny Wunderly-Volkart, 24. 4. 1920, NWV I, 217-218

Nun wohnt ich in einer privaten, geschützten Villa [...] und lief, stürmte (flog, glaube ich eigentlich!) jeden Morgen auf einen Felsenrand überhalb des Orts: (ich sprach Ihnen davon) in den kleinen alten Eremitenkirchhof, St^a Maria à Cetrella genannt, der über seinen paar vergessenen Einsiedler-Gräbern sich mit den kleinen träumerischen Kräutern überfüllt hatte, die, wenn man sie streift und anstößt, genau so vor sich hin- und hinausduften, wie kleine Glöckchen läuten würden nach der Berührung. Ach dieses ›Läuten‹ des kleinen glücklichen Dufts, sein Hin-Klingen über den seeligen Wiesenraum: wer beschreibts?! Denn daß der liebliche verlassene Ort von einer alten Steinmauer umgeben war, das machte ihn nur noch freier und unabhängiger, ja gerade durch diese Begrenzung wurde er vollkommen. Diese Ummauerung bildete, mit dem Boden zusammen, etwas wie ein Maaß, man hatte es vollgeschöpft, voll – was soll ich sagen – einer süßen innigen Dauer, um nicht zu versichern: Ewigkeit. Liebe Nike, was war ich glücklich damals! Nicht, daß ich mir's jetzt –, wo seit so lange kein Ort mir seelig war – einbilde, es ist genau, wie ichs erinnere: *ich wars.* Da war die kleine Kapelle und das Zimmer des einstigen Eremiten daneben (dort war ich nur zweimal eingetreten, meistens war das Thor verschlossen, wenn nicht gerade Kinder den großen Schlüssel heraufschleppten: aber die kannten mich und nahmen mich nicht wahr als Fremden, dem mit solchen Dienste etwas abzudrängen wäre!) Zu einem Drittel, neben der Kirche und bis nach vorne hin, lag der Boden hoch, wie zur Erleichterung für den schön gebärdigen Feigenbaum, der sich von da aus ans Kirchlein hinlehnte. Und dicht neben der Mauerpforte links, erzählt ichs?, das kleine Lager aus Stein, mit dem steinernen Kissenkeil, steinern, aber so sanft, so weich verwittert und, Nike, so warm, so sonnenwarm...: denn ich beschreib Ihnen das alles doch um der Sonne willen, das wissen Sie, Ihrer Gottheit. Sie war nicht die Göttin dieses marianischen Gärtleins –, aber das ganze Blatt also aufgeschlagenen Marien-Lebens war doch illuminiert von ihrer antikischen Herrlichkeit.

An Nanny Wunderly-Volkart, 7.5.1920, NWV I, 227-228

Der Pfingst-Sonntag ist sicher dort merkbarer als hier; sogar im Casino-Garten saß ich ganz allein in einer Allee am Rande, deren grauer Kies ganz mit den Blüthen rother Kastanien überstreut war, das war, in dreifacher Abwandlung, schön: die hellen Streifen, die schattigen und dazwischen durchwirkend das Grau des Grundes.

An Nanny Wunderly-Volkart, 23.5.1920, NWV I, 237

Zu Ihrem Röslein im Wasser kam abends noch ein Zweiglein Jasmin hinzu, das ich mir unterhalb des Quellenhofs an der Limmathpromenade gepflückt hatte. Dieser Duft bedeutet für mich mehr als ein anderer jenen Moment des Sommers, in dem der Frühling noch ganz enthalten ist.

An Nanny Wunderly-Volkart, 24. 5. 1920, NWV I, 237-238

Ach, Liebe, könnt ich Ihnen nur mehr erzählen, daß Sie's mithätten. Ein Garten ist hier in der Lagune –, den sollten Sie retten, denn wenn die alte Besitzerin stirbt, wird er zerstört. Dort blühen jetzt hohe Malven im Schattenspiel des Weinlaubs, und die Granatbüsche blühen brennend⟨.⟩

An Nanny Wunderly-Volkart, 21. 6. 1920, NWV I, 255

Übrigens sind wir dicht am Gran' Canal, nicht zu vergessen, die Ecke bildet der Palazzo Loredan (der dem spanischen Prätendenten Don Carlos gehört hat), Valmarana ist dicht daneben, aber dann erstreckt sich der Rio weiter und mündet in den großen Canal an den Zattere, dessen anderes Ufer die Insel der Giudecca bildet. Dort liegt der Garten, den Sie retten sollten, – denn wenn einmal die alte verwitwete englische Eigenthümerin stirbt, so sollen auf seinem Bereich (darüber gab es schon Verhandlungen) Fabriken errichtet werden. Die Giudecca, einst das Gartengebiet Venedigs, ist schon reichlich industrialisiert, kein Wunder wenn die Bewegung weiter geht, staunt man doch; daß Venedig nicht noch dringender von einem Zeitgeist überwältigt wird, der, strenggenommen, von seinen festlichen und fastuosen Eigenschaften keine einzige gelten lassen kann. Den Garten (man fährt auf einem stillen äußersten Kanal an seine Pforte) müssen Sie sich flach denken, nur an seinen Rändern rechts und links Baumgestalten und Gruppen; außer zwei kleinen unscheinbaren Gärtnerhäusern steht weder Haus noch Pavillon darin, aber Steinfiguren, rhythmisch, da und dort; wie in einer Reihe von laubigen Intérieurs stehen sie, überspielt von den beweglichen Schatten, die das noch leichte Weinlaub des Juny aus den heiteren Bogengängen über sie hinunterstreut. Im Innersten irgendwo wie ein Teppich ein grünend trübes, marmoren eingerahmtes Wasserstück; lichte Flecke Levkojen, die hohen Stäbe der Malven, Rosen, und das brennend blühende Granatgebüsch vor dem tiepolesk blassen Himmel. *Vor* diesen grünen Räumen aber, durch alte Mauern und beschnittene Hecken getrennt, ein ernster breiter Streifen Rasens, einsam, an den Wassern der Lagune entlang, ein Garten seltsamer, schwebender, wenn man will trauriger Freiheit, der leer bleibt, wenn man ihn nicht mit inneren Bildern und mit Sehnsucht erfüllt. *Sie* thätens, Nike. Und ging ich dort lautlos neben Ihnen, ich würde, ob es gleich keine Allee ist, meinen Arm sanft auf den Ihren legen.

An Nanny Wunderly-Volkart, 22. 6. 1920, NWV I, 256-257

Wohin ich Sie am Meisten rief, das war in den Garten der alten M^sses Eaden, an den Lagunen der Giudecca. Mr. Eaden ist während des Krieges gestorben, seine Witwe, eine uralte Dame, erscheint dort nur Nachmittags manchmal, an den Vormittagen lassen einen die Gärtnersleute diskret eintreten. Hohe Malven stehen dort jetzt in dem schwebenden Schattenspiel von Weinlaubgängen; die Rosen blühen; die Granatbüsche brennen auf in ihren dichtrothen Blüthen. Und durch alte Mauern und beschnittene Hecken abgegrenzt, liegt vor diesem in sich heiter beschäftigten, spielenden Garten-Interieur, darin es auch an alten Steinfiguren nicht fehlt, ein ernster Rasenstreifen gegen die Lagunen-Wasser zu, ein Vorraum dieser innigen Heiterkeit, in dem die Melancholie des Meeres einen mit einer Freiheit überrascht, deren jeder Moment geleistet sein will. Wendet man sich aber, so hat man wieder die Verlockung der grün gewölbten Pforten vor dem nächsten Schritt, das Auge schlägt zugleich hundert Farbentasten an, und hebt sich weit hinüber in das Barock einiger Baumgestalten, über denen, rosa und grau, Mauer und Kuppel des Redentore aufsteigt.

An Dory von der Mühll, 22.6.1920, BSF, 89-90

Lieblingswege aufgesucht: Gestern im ›Rosengarten‹: die Rose ›Gruß an Teplitz‹ (auch noch so ein Mißbrauch von Rosen-Namen!), die auch im Luxembourg-Garten jährlich in einem runden Beete wuchs, bildet hohe Gestrüppe –, die

dunkelrothe Rose, Sie wissen, nein, dunkel nicht, heiß-
roth, die, als hätte sie in's Laub hinein abgefärbt, gegen
oben zu eine röthliche Benommenheit in den Blättern und
im Ästewerk aufweist, eine Gegenwart bräunlichen Roths
über trockenem etwas dunkel-staubigem Grün – –, aber
dann warens, auf einem leider thöricht eingerahmten Wasserstück, die nénuphars, die man bewunderte (ich mag
nicht ›Wasser-Rosen‹ sagen, das ist eine von den Gedanken-
losigkeiten der deutschen Sprache, diese Geschöpfe so zu
nennen, ein Ausdruck, wie von einer Köchin gemacht,
die nicht hinsah –) die nénuphars, welche Existenzen, wie
sie leben aus Tiefe und Spiegelung, wie in jeden Moment
ihres Wachsthums die schwankenden Verhältnisse und Aus-
gleiche des Wassers übergehen, und die angespiegelten
Töne werden schließlich zum Farbenkleid ihres kühlen,
schlauchharten Körpers –

An Nanny Wunderly-Volkart, 22. 8. 1920, NWV I, 310-311

⟨A⟩ufmerksam gegen jede Schönheit der alten Steinmauern,
über die hinüber man die alten Apfelbäume im vollen Tra-
gen sah, dankbar für die Ansehnlichkeit der Häuser und
Gehöfte, die Brunnen gerne wahrnehmend, mit ihren wei-
ten 1909 erneuten Becken, folgten wir dem Weg nach dem
»Bothmar« hinan –, und wie freut ich mich, wie sehr, die
Bilder richtig zu finden, die Sie mir von Thor, Thorweg,
Garten und Schloß gezeigt hatten. Der Gärtner, eine Gärt-

nerstochter denk ich, gewährte uns den Eintritt, und bald fanden wir uns innerhalb der geschnittenen Gänge und Pfosten auf der unteren Terrasse, deren kalksteinernes Wasserbecken leider (offenbar wegen seiner Durchlässigkeit) mit einer weißen Tünche überzogen ist. Ich konstatiere dies, aber es ist auch das einzige »leider« – gleich dahinter begann die vollkommene, unaufhaltsame Verzauberung. Wir hatten, da wir uns ihr zuerst überließen, das flachstäbige alte Gitterthor hinter uns über dem oben der volle runde Reifen der Krone schwebt (Sie sehen sie, denk ich, sobald ich sie nenne) wie die Kronen die Gottvater und Gottsohn halten in den »Krönungen« Mariens, nie werd ichs vergessen –, dieser unter so sanfter Schwebung beständig in allen seinen Wandlungen gekrönte Garten – (dürft ich ihn einmal im Frühling wiedersehen!); rechts von uns stieg die kleine Treppe auf zum kleinen blumigen Altan und weiter ans Haus hin, ganz am Ende vom wilden Weine roth und prunkvoll überhängt. Ach, freuen Sie sich doch manchmal, daß diese Stiegengeländer unten korbig ausgebogen sind, vielleicht für die breiten paniers der Damen, vielleicht auch nur um in allem Gerank der Rosenbüsche nicht steif und untheilnehmend dazustehn. Und das Schloß: Wie schmal die kleine Balkonthür ist, die mittlere, oben, vor der der Gitterkorb des Geländers so reichlich sich ausbiegt: wir haben uns geeinigt, daß dies der Balkon sein könnte, auf dem immer wieder Frauen gestanden haben, das seidene Kniee gegen das Gitter gestemmt –, jene Jacobsens Frauen aus »Hier sollten Rosen stehen« – und plötzlich stimmte Malans, die ganze Szenerie stimmte, das strenge Haus, Garten, Rondel und Fontäne, und der Dialog der bei den Pagen schien wie ein vergänglicher Höhepunkt einer hier manchmal eintretenden Jahreszeit …

An Guido von Salis, 19. 9. 1920, BSF, 110-111

Ich fühle mich sehr nach Süden versetzt, die Grillen in den bunten Wiesen, die Vogelstimmen. – Feierlich ists an meinem Fenster den Abend zu erleben: einzelne Maikäfer surren gegen die Rosenspaliere und knallen wieder zurück ins Ungenaue, taumelnd (ich weiß nicht, was sie so blindlings wider die Mauer anrennen läßt, was sie sich dort erwarten?) dann wirds immer stiller. Am ersten Abend kam eine Amsel; saß erst unten auf dem Dach des Weinlaubengangs, sang tief und versonnen. Plötzlich kam sie zu einer Stelle des Lieds, die von höherem Platze aus gesprochen werden mußte und in erst flachem dann rasch, steil ansteigendem Bogen warf sie sich rechts hinauf bis auf die äußerste Spitze der Tanne und rief von dort, der Reihe nach, was noch zu rufen war: jedesmal klangs, als packte sie bei ihrem langen Ende eine Liedschleife und zöge sie auf, löste sie – –. Gestern, ganz anders, keine Amsel, – anprallende Maikäfer, hoch oben trüb der Mond, – dann gleich Verdeckung, Gewitter, später Regen in die Nacht hinein. – Dünste hielten heute den ganzen Morgen umlagert, in der Höhe klärte es sich unter dem Einfluß einer guten Brise vom See. Die ist

gesunken inzwischen. Kleines Gezwitscher füllt den Garten, manche Momente voll Unterbrechung, ferner Don-
ner ...

An Nanny Wunderly-Volkart, 16. 5. 1921, NWV I, 421-422

Sollten das nun wirklich meine letzten Tage in der Schweiz
werden, so ists seltsam genug, daß ich aus meinem Fenster
ungefähr denselben Blick habe, wie damals von jener Ferme
bei Nyon aus, wo ich, als Gast der Gfn. Dobrženský, die
ersten schweizer Tage verbrachte. Nur daß dieser Moment,
etwa um drei Wochen zeitiger im Jahr, alles noch frischer
und unverstaubter in die Helligkeit ⟨des⟩ Seelichts hält:
wirklich ein bezauberndes Blühen und Heitersein. (Eine an-
gestammte Gloire de Dijon, verschwenderisch aufgeblüht,
steigt an dem alten Haus bis weit über mein Fenster, im hohen ersten Stock hinauf –, und unten in den Wäldern, an
der »Pointe de Chanivaz« steht der gelbe Ginster in Blüthe,
der duftende, den ich seit der Bretagne nirgends mehr gesehen habe!)

An Gudi Nölke, 22. 5. 1921, GN, 81-82

Gestern gab es übrigens die ersten Erdbeeren des ›Prieuré‹.
Herrlich jedesmal, die ersten nicht-gekauften zu essen, die
keinen Weg gemacht haben, als den aus dem verger herüber

und gar nicht ahnen, daß eine Beere sich verkaufen kann. Ich glaube, es ist nichtnur ihre Frische und Natürlichkeit, es ist die völlige Abwesenheit des Geldes, was ihnen diese Reinheit und Ehrlichkeit giebt.

An Nanny Wunderly-Volkart, 2. 6. 1921, NWV I, 464

Le Prieuré ist auch wirklich entzückend in diesen Tagen seiner zehntausend Rosen, und das ganze Land (bis zum heutigen grauen Regen) war ein Geschenk von Licht und Heiterkeit.

An Nanny Wunderly-Volkart, 21. 6. 1921, NWV I, 485

Les fleurs! Les fleurs! Die ersten Rosen sind rasch entblättert, dafür gabs une vraie récolte de pétales que l'on a mis dans tous les tiroirs et qui embaument la maison. Die heutigen sind wundervoll angekommen. Auch hier im Garten sind, dank meines Begießens, die Chrysanthemen-Büsche herrlich und reichlich ins Blühen gekommen. Rothe mit gelblicher Mitte!

An Nanny Wunderly-Volkart, 22. 10. 1921, NWV I, 572

Das Wetter scheint sich ins Freundlichere zu kehren: Heut haben wir noch Nelken, einzelne, im Garten geholt, einzelne Chrysanthemen werden Sie wohl noch erwarten, wenn Frida nicht alle in die Vasen schneidet. Aber wenige, wenige... Die Pappel, vor einigen Tagen noch so sommerlich, gilbt im Tagumdrehn und wird, wenn die Winde ihr métier thun, bald hinausgeblättert sein.

An Nanny Wunderly-Volkart, 7. 11. 1921, NWV I, 575

Ja, Sonntag, was war das für ein – beinah Sommer, also bei Ihnen auch –, ich trank auch meinen Caffée auf dem Balkon und mußte mir meinen Hut holen, so warm war die Sonne im Schein und im Widerschein der alten Mauern. Was wir dort, in tausenden von Spalten und Rissen, für Miether und Überwinterer gehabt haben, das zeigt sich erst jetzt. Chère, dicht an der Balkonthür, rechts von ihr, im Heraustreten, eine herrliche *Hummel-Garage* mit ganz glatt gefahrenem Ausgang. Manchmal fährt die großartige Carosserie drin (im Ganzen hat die ›Maschine‹ die Länge etwa meines halben kleinen Fingers!) bis eben an den Ausgang vor: dann sieht man, vorn, die zwei riesigen ovalen Laternen spiegeln, rechts und links, es riecht ein bischen nach Lack..., dahinter, über den Motor, ist eine kostbare Pelzdecke gebreitet. – Das ist nur *ein* Beispiel für die Welt unserer Untermiether –, sie sind Legion. Die Marienkäfer zwischen den Scheiben multiplizieren sich wie rasend mit-

einander, – nun sind die einzelnen viel weniger gut gemacht, es kommt ihnen kaum noch darauf an, zu der rothgrundigen oder schwarzgrundigen Vasenfamilie zu gehören, es geht alles durcheinander und die Punkte sind ihnen durchaus egal. Auch komm ich, was die auf den Rücken fallenden angeht, mit dem Umdrehen beim besten Willen nicht mehr nach, bei zweihundert ist das schon mehr das Amt eines Waisenhausvaters. Ich überlasse sie der Natur ...,
die ja immer mehr in ihre Rechte tritt (ob es gleich die letzte Nacht feige und fleißig geschneit hat!)

An Nanny Wunderly-Volkart, 3. 3. 1922, NWV II, 683-684

Gestern haben wir, nach Tisch, eine ganze Stunde im Garten zugebracht, überlegend, was man alles pflanzen könne; da fiel uns nur zuviel ein! *Rosen* vor allem möchte ich doch auf alle Fälle, in den beiden vorderen Parterres, rechts und links vor dem mittleren runden Beet; wenn die kleine Raunier darauf einginge, die paar Stachelbeeren, Himbeeren und Johannisbeeren, die dort verkümmern in Raunier'scher Dürre und Vernachlässigung, – anderswohin zu übersiedeln, in den Bereich des eigentlichen ›Verger‹ –, so hätte ich dort alles frei für Rosen! Wäre das nicht herrlich?! – Frida's Eltern haben, scheints, einen Garten –, sie erzählte mir, sie hätten, voriges Jahr noch sehr billig Rosen (niedrige Büsche) gekauft, die prächtig angewachsen wären, und nannte mir die Gärtnerei aus der sie stammten, mit dem Zusatz, es müsse in Ihrer Nähe sein: der Ort heißt *Rüti*; die Firma Ernst Meier, Handelsgärtnerei. – Sollte man etwas von *dort* bestellen, – (ich hätte außerdem gern: Geranien, Kapuziner Kresse – die man wohl säet? –, und Pensées). Nur sei gleich gesagt, geschähe das je: so müßte es auf Kosten des *Muzot-Fonds* geschehen, nichtwahr? Ich hatte zwar den Rest etwas eigenmächtig behandelt gehabt im Laufe der Monate, die Grenze zwischen mir und Muzot verwischte sich immer mehr, –, aber nun hab ich, was noch von Werner's letzter Sendung, nach Abzug verschiedener wahrhaft muzotistischer Posten geblieben war, wieder ersetzt und ergänzt, – (mit ein paar Handvoll aus dem schweren Sack war das eine Kleinigkeit…)

Sehen Sie denn den Garten noch? – Es müßte schön werden heuer: ich möchte am Haus entlang etwas Blühliches vorbereiten, und auch *vor* dem Haus sollte es nicht ganz öde bleiben. Frida kennt, scheint es, einige Gartenarbeit und hätte auch Lust, soweit Zeit und Kräfte ausreichen, sich anzuwenden, an dieses nah Zukünftige.

An Nanny Wunderly-Volkart, 6. 3. 1922, NWV II, 692-693

Es gäbe neben dieser weitesten nachgiebigsten Erklärung (die den Vortheil hat, keine zu sein) eine Reihe banaler Explikationen; so *die*, z. B.: daß im Vorfrühling, bei wieder aufgedeckter Erde, jene eigenthümliche Mischung von Verwesung und Duft, wie sie um Särge sich fühlbar macht, einfach aus der Natur in die Häuser schlägt, um dort in einem besonders empfindlichen oder empfänglichen Moment eine solche unwillkürliche unheimliche Ausdeutung zu erfahren. –

Ja, Frida hat mir den kleinen gepackten Karton gezeigt neulich, bevor die ihn abschickte. Es ist ein Wunder, daß man dergleichen hier schon in den Wiesen (unterhalb des Kapellchens) holen kann; aber nun ist, seit gestern gegen Abend, jener Rückschlag von Kälte und Trübe da, den man für *jetzt* erhoffen mußte, damit er nicht später einbräche und viel Geförderteres bestürze und störe!

Zugleich mit dem Ihrigen eben, ein so lieber Brief von Werner. Und während ich an den Garten dachte (Sie werdens inzwischen gemerkt haben, aus dem Briefe in meinem (Montag abgeschickten) gelben Bücherpaket) hat er auch schon gedacht und vorgesorgt –, und giebt mir alle Vollmächte der Gestaltung. Annie Raunier, die jetzt mit der alten Rosalie täglich heraufkommt, um in ihrem potager zu arbeiten – vorläufig graben sie ihr Kartoffel-Land um –, hat noch nicht entscheidend geantwortet auf unsere Anfrage in Betreff der Versetzung der Johannis- und Himbeersträucher; sollte sie damit zu lange hinhalten, so wend ich mich wieder an den guten Colonel. Seit er die Hühner mit einem kleinen Wink seiner antialkoholischen Rechten abwenden konnte, trau ich ihm jegliche Macht über seine Mündel zu.

An Nanny Wunderly-Volkart, 8. 3. 1922, NWV II, 699-700

Eben Ihr Brieflein, wie auf Blättern heller Anemonen geschrieben –, so viele..... das Meiste beantwort ich später,
besonders das wegen des Gartens, der ja doch, durch den
großen Rückfall des Wetters, nur wieder mehr ins Abwar-
ten gerückt erscheint. Aber herrlich, herrlich, Chère, daß
Sie die Rosen besorgen wollen** – Frida wird einmal zäh-
len, wie viele es etwa sein könnten. – Raunier's ließen
uns, in ihrer üblichen Art, natürlich *ohne* Bescheid in betreff der Umpflanzung der Obststräucher, darauf ging Frida Donnerstag zum Obersten hinauf: er hat uns das Er-
wünschte auf der Stelle zugesichert; die Büsche *dürfen* also
versetzt und der Raum den Rosen zugewiesen werden, nur
haben sich R.'s vorbehalten, daß ihnen die Büsche vergütet
würden, falls sie etwa an ihrem neuen Platze eingingen; (an
dem alten bisherigen, hätten sie, beschwört Mlle R., unbe-
schreibliche Erträge ergeben!) Der Oberst sowohl, wie
seine Haushälterin, wie auch Frida sind nun der Meinung,
daß man auf diese Bedingung ruhig eingehen dürfe; erstens
sei es unwahrscheinlich, daß die Sträucher, gut versetzt, ihre neue Stelle nicht ebenso schön fänden –, zweitens wäre,
schlimmsten Falles, der für diese paar Stachelbeer- und
Johannesbeerbüsche zu leistende Ersatz in keiner Weise bedeutend. – Rauniers nehmen ferner, soviel ich höre, den
Weinstock unterhalb des langen Balkons […] fort, weil er
dort nicht gedeihe, (d. h. sie begossen ihn weder je, noch
war er je regelgemäß beschnitten!), tant mieux: *was* wäre
nun, gegen den langen unteren Balkon zu aufsteigend, am
rathsamsten: Kletterrosen? Clematis? ... Sonst ein rasch
und vergnügt Kletterndes? ...

Natürlich wird man Mehreres beim hiesigen Gärtner, Golder, nehmen –.

** natürlich Männedorf oder Rüti: *ganz* wie *Sie* es einrichten mögen!

An Nanny Wunderly-Volkart, 11. 3. 1922, NWV II, 702-703

Werner ist hoffentlich gut von seiner triestiner Reise zurückgekommen. Ich schrieb ihm gestern zehn solche Seiten, [...]. Gleichzeitig gab ich ihm alles an, was ich mit dem Garten vorhabe –, ja ich faßte mir sogar Muth, ihm die *enorme* Zahl der Rosen zu nennen, die nach Schätzung des Gärtners Golder, nöthig wären, wenn, nach dem Auszug der Johannis- und Stachelbeeren, die drei vorderen Parterre-Wohnungen *ganz** an Rosen vermiethet werden sollen (die ja dann allerdings einen hohen Zins zahlen!) Chère, auch Ihnen gegenüber versagt mir die Stimme; Golder, da er Sonntag hier war, meinte, es müßten etwa 5 hochstämmige in dem kleineren Parterre links sein und je *acht* in den beiden andern –, das machte 21 hoch-stämmige Rosen und dazu dann etwa 25-30 niedrige. Das ist enorm! Aber Werner wird, hoff ich, *rücksichtslos* offen sagen, ob er eine solche ›roseraie‹ bewilligen mag. Für das Übrige, was wir durch ihn selbst beziehen, sollte Golder einen Kostenanschlag machen; allerhand sehr Liebes ist da in Aussicht genommen. So die Kletterrose – anstelle des schlechten Weinstocks – unterhalb des langen Balkons; viele Pensées da und dort, und, daß der Vorplatz nun auch endlich etwas

in Betracht genommen sei: eine Clematis an der Haus-
treppe, ein Geisblatt am Brunnen hinan, und in den alten
Kübeln am Garteneingang des Hofes: Hortensien.

Frieda erweist sich als ganz hingerissen zu alledem, sie
wird ordentlich verschwenderisch, – jeden Augenblick
hat sie neue ›Ideen‹, was man machen ›*müßte*‹, besonders
mit ›Kletterndem‹ hat sie's vor –, ich sagte ihr schon gestern
morgen, es würde hier bei uns ein Klettern entstehen, wie in
einem (das letzte verschwieg ich) ... Affenkäfig. – [...]

Natur, Liebe, und Vogelstimmen machen *große* Fortschritte, kaum noch zurückhaltbar. Die Reben sind fast
schon überall beschnitten, nur, natürlich, bei uns nicht. Dafür arbeitet die kleine Annie Raunier und die alte Rosalie
fast den ganzen Tag hinten im Gemüseland, – es ist schade,
daß ich nicht Kräfte und besonders nicht Übung habe,
mich auch so gärtnerisch anzustellen (: denn uns gehört
ein Viertel des Landstücks für Gemüse.....) mais je sais
que cela me fatigue trop vite et que cela me donne de cour-
batures..... Man müßte einmal mit der Jahreszeit langsam
und neben jemandem, der einem vieles dazu zeigt und er-
klärt, in's Gärtnern hineinwachsen, das wäre die rechte An-
wendung an dieses herrliche Öffentlichwerden des Wachsthums. (*Wie* geht's einen an!)

(* sonst macht man am Ende Rasen dort und setzt nur *einzelne* Rosen
hinein, was auch ein Ausweg wäre.)

An Nanny Wunderly-Volkart, 15. 3. 1922, NWV II, 707-709

Dieses, Chère, gälte als rein *gärtnerische* Nachschrift zum gestrigen: denn heute ist unser lang erwarteter Marcel gekommen, ich höre seine Scheere draußen mit dem Garten reden. Die Beete sind aufgedeckt –, er beschneidet nun auch gleichzeitig für die Raunier's die Obst-Bäume und Spaliere, so kommt Alles in Einem in Ordnung. Der Frühling verlangts nun dringend, und Marcel, mit dem ich mich ausführlich unterhalten habe, meint, auch die Rosen zu setzen, wäre für valaisanische Umstände *höchste* Zeit: denn sie trieben überall schon. Aber in dieser Angelegenheit überlass ich alles *ganz* Ihren und Werner's Entschlüssen – vous le savez bien, je n'insiste *sur rien: alles ist mir recht, wie Sie's verfügen*, – was die Rosen angeht, so schienen mir auch zehn schon viel, wenn Sie meinen, wir dürften uns, ehe Werner's weitere Entschlüsse gefallen sind, nicht mit einer solchen großen ›roseraie‹ einlassen. Sie verpflichtet ja dann auch sehr, was die Pflege angeht –, nichtwahr? Enfin je me remets à vos décisions, chère, en-tière-ment! – Die Obststräucher kommen auf *alle* Fälle fort (damit verlieren auch Raunier's einen Haupt-Anlaß, später, in den vorderen Garten zu kommen) –, giebt es weniger Rosen, so muß man sehen, wie man die übrigen Parterres erfüllt; auch wäre z. B. (fiel mir heute ein) *das* möglich, daß man nur die *zwei* Beete, rechts und links vom Rundbeet, mit hochstämmigen besetzt und das dritte ganz mit *niedrigen* Rosen ausfüllt. Vous verrez cela de là-bas: (vous voyez je corrige mon incrédulité quant à votre vision-à-loin, exprimée l'autre jour.) – Nun müssen wir aber, da Golder sie nicht hat, (er will uns dafür aufreden, was er eben hat, – aber der gute Marcel hat das entlarvt) auch noch *die zum Balkon aufsteigenden Rosen von auswärts beziehen*, und für eine Bordüre am linken Gartenrand weiße gefüllte Nelken für einen Streifen von 7 Metern Länge. (Dieses letztere diktiert mir Frida: die, was den Garten und die Mansarde angeht, geradezu autoritär ist!) Für die Rose unter dem Balkon, die aufsteigende, sind *4* starke Stämme nöthig und zwar heißt sie (: dies nach Marcels Vorsprechen): Dorothee Peking; (er spricht: Dorothie Beking). Sie soll nämlich *rosa* sein, da sich das sehr anmuthig vor dem Grau der alten Hauswand ausnähme und da die bereits vorhandenen Rosenbogen roth sind. (Golder wollte uns auch für vors Haus, unter vielen Vorgebungen, *rothe* anschwatzen, – nur, wie Marcel lachend eingesteht, weil er sie eben *hat*. Es ist sehr wenig Auswahl bei Golder, niemand hat Gärten in Sierre, – das Bellevue zieht seine eigenen Blumen.)

Voici, Chère, dies nur als Anmerkung, für alle Fälle, que vous soyez au courant.

An Nanny Wunderly-Volkart, 16. 3. 1922, NWV II, 711-712

Chère, écoutez, Samstag, der Postbote kam spät, ich war schon *nach* dem Mittagessen und empfing Ihren Brief (diesen, ohne Verlust, von Herz zu Herzen gehenden: frohen!) im Garten: das schien mir ganz in der Ordnung –, (eine enorme Post kam gleichzeitig, die der heiße Briefträger –

on commence ici à se plaindre de la chaleur!!! pensez! – auf den Gartenweg vor mich hinhäufte, so hoch herauf, Paket über Paket, daß die Briefe schließlich obenauf, wie auf einen kleinen Tisch zu liegen kamen) ich sprach mit Marcel und hatte gerade dreimal »Phlox« gesagt, mit so kurz offnem ›O‹, daß gerade eine kleine Biene hinein kann: Phlŏx, Phlŏx, Phlŏx! wie ein Zauberspruch: da kam Ihr Brief, Liebe, und berührte mich, als kämen Sie morgen! *Was* that ich? Ich stürzte hinunter und bestellte die Zimmer! Ihres und Werner's! (Darüber Näheres weiter unten).

Ich finde Ihre Projekte so lieb und froh und Werner's Zusage zu den Rosen und zum Garten überhaupt einfach hinreißend! (Nämlich zum Garten hin und auch zu ihm, dem guten Werner.) Nun solls aber auch schön werden! *Wunderschön!!!* – Ob Sie heute hingefahren sind nach Männedorf oder Stäfa, meine Rosen besorgen, unsere Rosen, alle die Rosen von Muzot!? Meine ›Nachschrift‹ von Freitag wird sich mit Ihrem Briefe gekreuzt haben; durch sie war die Frage, die Kletterrose betreffend, schon vorweg beantwortet. Wenn Sie diese rosa ›Dorothie‹ nicht bekommen –, thun Sie, wie Sies für gut halten: der Vorschlag »Clematis und Theerose« ist auch sehr einleuchtend, wenngleich ich diesen *Rosa*-Ton am Meisten vor der grauen Hausmauer sähe und in der ihr oft so anschmieglichen Luft. (Voriges Jahr stand eine Kiste mit einer Raunier'schen Geranie unten davor, das hat mir wohl diese Idee des Rosa vor dem Steingrau – une tonalité très française – eingesäet.) Mais faites, *je vous prie*, dans tout ce qui concerne notre jardin à Muzot

d'après vos idées et même d'après vos impulsions sponta-
nées, comme si c'était le jardin a Meilen, je me fie à vos dis-
positions aveuglement!!!

Was würden Sie sagen, Chère, wenn Sie die Phrase hör-
ten, von der Muzot widerhallt seit ein paar Tagen? Kaum
steckt man den Kopf oben aus der Thür, hört man unten
jemanden sagen: (traurig): »Oui, mais il est trop jeune ….. «
Qui? Es ist, als suchte man einen Beichtvater für ein jun-
ges Mädchen, wenn man das hört, – oder als übersetzte
jemand Walther v. d. Vogelweide, der sang: »O wêh der
babest (Papst) ist ze jung …«: aber es ist nicht von einem
Beichtvater die Rede, noch vom Papst des Walther'schen
Lieds, sondern: vom *Dünger*! Er ist zu jung!! – Aller Dünger, den wir etwa bekommen könnten, ist zu jung. Wir
brauchen, ich weiß nicht warum, greisen, ehrwürdigen, ungemein erfahrenen Dünger. M. Pont bemüht sich aufs Red-
lichste; gestern abends sah ich ihn im Vorübergehen –, sein
letztes Wort war: Vous l'aurez! Vous l'aurez! So wie er nun
da ist, der greise Dung, gräbt Marcel die Obststräucher um,
und die drei Rosenappartements werden gesäubert und vorbereitet!

Daran zu denken ist wirklich ein Glück, Nike! *Rosen! Ich*
werde einmal Rosen haben. Ich werde an die fünfzig Rosen
haben, mit den hiesigen, alten 3, 54, die Rosenbogen nicht
mitgerechnet. Eine Rosenschaar, ein Volk von Rosen. Das
Rosenwunder. Quel miracle!

An Nanny Wunderly-Volkart, 20.3.1922, NWV II, 714-715

Aber ist es nicht wirklich, – frag ich mich – leichtsinnig, den Garten so weit zu bestellen –, ehe man ganz weiter-weiß …? si tout cela était pour le roi de Prusse..?! – Näm-lich: da sind große Fortschritte inzwischen vorgegangen; trotz des auch hier schlechten Wetters und der anhaltenden nassen Kälte, hat der brave Marcel und sein Famulus die ganze Woche geschafft –, ein Entzücken, Chère, alles ist ge-ordnet, gesäubert, umgegraben; die hochstämmigen Rosen sind gepflanzt!! – Auch die Kletterrosen unter dem Bal-kon, – und alles so ordentlich, so säuberlich wartend….. Was die Kletterrosen angeht, so hat der Gärtner von Rüti nicht ganz das Programm eingehalten; es sollten doch *zwei* Thee-Rosen dabei sein, nun ists nur eine, so daß wir keinen Bogen davon machen können. Er schickte, als kletternde: Rosa (zwei, verschiedene) eine rothe und *eine* gelbe. – Nun muß ich sehen, wie wir die beiden letzteren verwen-den. Die zwei rosa sind unter den Balkon gekommen, pro-grammgemäß, durch andere rosa (von Golder) ergänzt. Auch sonst ist der Rüti-Gärtner nicht genau gewesen; so sind eine Unmenge gelber Margueriten da, dagegen *gar kei-ne* Nelken! Es war, sagt Frida, kein Verzeichnis bei seiner Sendung; ob er an Sie eines geschickt hat? – Und wärs mög-lich, daß Sie ihn, telephonisch – gelegentlich –, nach den *Nelken* fragten? Denn die waren doch schon bestellt, und es wäre schade grade auf *die* zu verzichten. Nichtwahr? Dann sagen Sie mir, bitte, Chère, (es ist gräßlich, daß ich so thöricht unerfahren bin im Gärtnerischen!) wie ists mit den Samen, die Sie geschickt haben? Der Gärtner sagte

zu F. (*ich* sprach ihn noch nicht, heut, es regnet unaufhör-
lich und kalt, – ist er nicht gekommen) das ergäbe nicht
viel, – die meisten dieser Samen müsse man erst in Kästen
ziehen und dann umsetzen, wenn man starke Pflanzen haben wolle –, ich kann mir das nicht denken –, nichtwahr?
Sie säen doch auch Ihre schönen so reichen Sommerblu-
men einfach in's Gartenland, ohne sie in Kästen erst aufzu-
ziehen … und es giebt dann tout ce qu'il faut –? Oder sind
unter den Samenpaketchen solche, die erst in die Kasten-
Schule gehen müssen –, *welche?* – Ich möchte da nicht
den Gärtner zu Rathe ziehen, sondern Sie, Chère, conseil-
lez-moi, je vous en prie ….. Die niederen Rosen sind noch
nicht gepflanzt. Marcel sagt, es müßten noch mehrere dazu
kommen, wenn die drei Beete vorn schön bestellt werden
sollen –, soll ich die von Golder etwa dazuliefern lassen?
Das wäre dann das Äußerste –, alles übrige ließe ich warten,
bis Werner entscheidet, ob und was er etwa noch gepflanzt
haben möchte. (Der Garten soll lauter Freude werden –,
kein Sorgenkind!)

An Nanny Wunderly-Volkart, 3. 4. 1922, NWV II, 725-726

Danke, Liebe, für die noch hinzuberufenen Rosen –, ich habe eigentlich damit eine ziemliche Konfusion gemacht –,
das kam zum Theil daher, daß die Sendung aus Rüti ankam
während ich fort war und ein großer Theil der Pflanzen
auch während meiner Abwesenheit gesetzt wurde; jetzt erst

erfuhr ich, daß, unter anderem, auch der Ginster, den Sie nannten, sowie die Clematis *nicht* dabei war ….. Aber das ist nun von Golder ersetzt. Und Rosen ….. o weh, was wird das werden, *ich* habe auch noch, da Golder (vielmehr Marcel) alles fertig machen wollte ehe er unten in Sierre andere Arbeiten anfängt, welche hinzugenommen!!! es wird eine Katastrophe für Werner –, es wird ein Rosenwunder, ein zahlloses. Ich habe ein schlechtes Gewissen….. Und nun schneit es über alle diese Vorbereitung, trotz des Palmsonntags, morgen. Chère, vous et la nature, *concertez*-vous pour un bon bon et solide rétablissement, je vous supplie…

An Nanny Wunderly-Volkart, 8. 4. 1922, NWV II, 729

Diese Schlösser, die, unter mansardiertem Dach, nur ein Erdgeschoß aufweisen (in Rußland und in Dänemark sah ich ihrer einige), haben eine eigene Codescendenz für ihre Parke –, sie gehören zu jenen Baulichkeiten, von denen der Fürst Charles de Ligne – als großer Befürworter der englischen landschaftlichen Gärten – zu seiner Zeit rühmte, daß sie *für die Gärten* gemacht seien. »Le tort qu'ils ont (sagt er wörtlich in bezug auf die Anleger französischer Parke) c'est qu'on les fait toujours (les jardins français) pour la maison et qu'il faut faire la maison pour les jardins!« – Eine Meinung, die ihm selbst immer sehr fruchtbar geworden ist […]. *An Margot Sizzo-Noris, 12. 4. 1922, GS, 38-39*

Ihr ganzer mühsamer und unerbittlicher Winter, in seiner Härte, muß wie eine Art gefrorener Frohheit gewesen sein, ein Block reiner starker Zukunft, der sich nun gelöst hat (wünsch ich), flutend, rauschend, in den Frühling hinein. Nun grüßen unsere Gärten einander! In meinem (freilich wenig selber mittuend, weil mir Übung, Erfahrung und Griff fehlen) hab ich mehr als hundert Rosen angesiedelt, meine Mitarbeit an ihnen beschränkt sich auf die Arbeit des Begießens jeden Abend –, das läßt sich nicht mehr abwandeln; daß man gerecht sei, ist alles; und doch, vielleicht, da es überall auf die Nuance ankommt, wenn mans aufmerksam und zugleich nachdenklich besorgt, läßt sich auch da mit dem still ausgeteiltem Wasser, bescheiden, etwas Eigenes hinübergeben und einflößen ins unendlich aufnehmende Wachstum.

Was mich erstaunt und beschäftigt, ist Ihre starke und beholfene Kraft, mit der Sie sich, in den schwierigsten Umständen, so tüchtig an Ihr Land anwenden; *mir* fehlt die Geschicklichkeit dafür und die Ökonomie der Handlung, versuch ichs manchmal, so ists nicht ohne Hast, und was widerspräche dem Gärtnern mehr als Eile, als Überstürzung? Aber vom Geistwerk zu solchem Handwerk überzugehen, welche Freude und Frische ergäbe das; wie könnte eines vom anderen lernen und Vorteil ziehen, hätt man nur hier und dort Metier, Sicherheit, Erfahrung, Haltung, mit einem Wort: Können. Ich werde wohl im *inneren* Gärtnern mein Bewenden haben müssen und dem anderen zuschauen, tiefer zuschauen, womöglich, wie ich Ihren Blumen und Briefen zuschaue (die beide im gleichen Glauben aufgehen).

An Lisa Heise, 19. 5. 1922, Briefe 3, 785-786

⟨W⟩as war das für ein lieber Einfall von Ihnen, mir die Elemente der »Kätzchenkunde« in Ihrer Sendung und dem ergänzenden Briefe so übersichtlich und augenfällig vorzustellen; nein, nach diesem bedarf es nun durchaus keiner weiteren oder genaueren Auskunft: ich bin überzeugt! Es gibt also keine »hängenden« Weidenkätzchen (merkwürdigerweise), und gäbe es irgendeine rare tropische Ausnahme, so könnte ich sie doch nicht brauchen. Die Gedichtstelle, die ich auf die sachliche Richtigkeit hin kontrollieren wollte, steht und fällt damit, daß der Leser, mit dem *ersten* Gefühl, gerade dieses *Fallende* der Kätzchen ergreife und auffasse, sonst verliert das dort gebrauchte Bild allen Sinn. Es muß also die durchaus *typische* Erscheinung dieses Blütenstandes aufgerufen werden –, und mir ist auch sofort, vor den sehr unterrichtenden Abbildungen Ihres Büchleins, klar geworden, daß jener Strauch, der mir, vor Jahren, den nun in meiner Arbeit verwendeten Eindruck vermittelt hat, eine Haselnuß gewesen sein müsse; deren Gezweig ist am dichtesten, *vor* dem Austritt ihrer Blätter, mit langen, senkrecht abhängenden Kätzchen ausgestattet. Ich weiß also, was ich wissen mußte, und vertausche im Text »Weide« gegen »Hasel«.

Ihnen aber, liebe Gnädigste Frau, dank ich diese Sicherheit und die hilfreiche Überraschung, durch die sie mir so unvermutet zugetragen wurde. Aus dem Bändchen will ich mir noch die und jene nützliche Belehrung holen, dann folgt es – in einigen Tagen – an Sie zurück.

An Elisabeth Aman-Volkart, [Juni 1922], Briefe 3, 789

Meine verehrte Gnädigste Gräfin,

auf einmal, neulich, schien es mir unübersehlich lang, daß ich Ihre Schrift nicht wiedergesehen hatte –, einige Tage darauf hielt ich Ihre Nachrichten in den Händen, dankbar dafür und froh, daß Sie Gutes zu berichten haben: denn gut ist es gewiß, wieder heimgekehrt zu sein zu den eigenen Rosen –; ihre erste Blütezeit ist vorüber, auch hier, aber mein kleiner Garten hat sich so dankbar erwiesen, seine drei neuen Rosenparterres waren gutgestimmte Instrumente des Frühsommers, da und dort versagte eine Saite und das Ganze stimmte noch ein wenig dünn an, – ein schütteres Lied, – aber doch schon ein kleines Rosen-Orchester immerhin; ich war übertroffen, ich hatte so viel nicht erwartet von diesen eben gepflanzten Büschen und Stämmen, fast ein jedes hatte schon seinen Ton und das Ganze fühlte sich, über die Zwischenräume hin, heiter zusammen in dem unbeschreiblichen Licht des Valais (: das ich nur mit der Atmosphäre von Paris und der Île de France ungefähr vergleichen kann. Entferntere Flächen, – wie oft bewunderte ich das in Paris, mitten in der Stadt, in der rue de Varenne, wie oft! – entfernte Flächen nehmen auch hier dieses Schimmern an, werden gesichthaft-hell und scheinen wie ein schönes Gesicht in einer geistigen Transparenz aufzuleben … Und die Hintergründe, ob es gleich doch schwere Schweizer Berge sind, machen sich nie massiv, alles ist vor sie gestellt wie in die Melodie eines Gobelins. Kurz in *diese* Atmosphäre hinein als Rose sich aufzutun, möchte einen Blumentag wert sein und eine Blumen-Nacht.)

Es war denn auch meiner Rosen Benehmen, die naive Freude des kleinen zu-sich-kommenden Gartens, was mich schließlich verhindert hat, die eine oder andere, schon fast angesetzte Reise zu tun –, ein wenig wars auch die Sorge, daß in meiner Abwesenheit das hier bei der starken und ständigen Sonne so wichtige Begießen verabsäumt würde … ich blieb, und die Reisen kamen zu mir, in Gestalt mehrerer lieber Besuche, […]. Sierre hat, zum Glück, ein ganz ausgezeichnetes Hotel […] mit einer köstlichen bequemen Garten-Terasse …; nicht von dort, aber aus einem ihr benachbarten (bäuerischen) Garten füg ich Ihnen die zwei Rosen-Blätter ein: es ist eine einfache ungefüllte Eglantine, die Innenseite der Blätter ist von einem flammenden Rot, das nun, im Gepreßtsein ins Bräunliche verloschen ist, und auch das Gelb der Außenseite ist frischer und klarer zu denken, als Sie es nun sehen: es sind die Gelb und Rot einer schönen reinen Flamme. – Kennen Sie diese Art der wilden Rose? man sieht sie selten, und es hat mir solchen Eindruck gemacht, sie hier zu finden, weil (wie ich aus einer der großen Pariser Rosen-Ausstellungen erinnere) *die-ses* die Rose der Antike war, und die Rose Persiens; wo in der griechischen Anthologie oder überhaupt im orientalischen Gedicht die Rose gefeiert ist, muß man sich *diese* Rose vor-stellen, mit einfachem Kelch und in den Farben der ent-fachten, freudigen, rein gespeisten Flamme.

Dieses orientalische (oft so essenzhafte) Gedicht, wie hat Rodin (da Sie gerade über ihn lesen) es bewundert und ge-liebt. [...] (diese Rose hat etwas von dieser Art poème, ob-wohl der Duft des Gedichtes stärker ist, konzentrierter, als ihr kaum merkbarer, fast nur jugendlicher Geruch.)

An Margot Sizzo-Noris, 15. 7. 1922, GS, 40-42

Gegen das Renommier-Fäßchen bin ich *durchaus*: Ange-sichts der Thatsache: daß wir etwas Wein aus dem *eigenen* Garten gewinnen werden!! Daß, sowie ich wieder allein bin, den ganzen Winter über, von raren Gastfällen abgese-hen, *nie* Wein auf den Tisch kommt. Daß, für den Besuchs-fall, immer rasch ein paar Flaschen zu schaffen sind, beson-ders seit man im Orte unten diesen billigen, vortrefflichen Chianti bekommt. – Daß schließlich, – und hier schreib ich mein Haupt-Argument – eine Menge *Nöthigeres* und *Drin-genderes* zu schaffen bleibt (z. B. eine Müllgrube). Ich plä-diere mit ganzem Einsatz dafür, daß Werner das Geld, das für das Fäßchen Wein in Verwendung käme, lieber der Herstellung des Gartens widmete. Der schöne verger ist eine einzige Abfallstelle, und, ebenso wie der Gemüsegarten, seit beides von Rauniers übernommen wurde, *nie* gut und einheitlich umgegraben worden. Ich habe Sonntag einen anderen (wie ich annehme, weniger kostspieligen) Gärtner kommen lassen und ihn gebeten, mir einen Überschlag zu machen, was die Reinigung und Zubereitung des Landes in diesen beiden Grundstücken kosten würde. Das *erste* Mal müßte das, damit es ordentlich und sachgemäß sei, durch einen Gärtner geschehen. Das terrain im verger würde, leicht abgeschrägt, zur gewöhnlichen Wiese gemacht* und zwei an schlechter Stelle stehende Obstbäume dorthin überführt werden. Ein Viertel des Potager würde den Kartoffeln reserviert, das übrige für Gemüse-Beete vorbereitet: aber diese Arbeiten sollten jetzt, spätestens Anfang November, gemacht werden. Der Zustand dieser Landstükke ist pitoyable, – und ich würde diese Arbeit sogar für nothwendiger halten, als die Restaurierung des Giebels, die man vielleicht doch noch provisorisch durchführen könnte, falls es für beides nicht reicht. –

* mit einem Weg ringsum am Zaun.

An Nanny Wunderly-Volkart, 20. 10. 1922, NWV II, 803

Die Anemonen! Was Sie wohl zu denen gesagt haben (falls sie noch ungefähr kenntlich angekommen sind). Im vorigen Jahr sagte man mir, diese dunkelviolette bepelzte Art der Pulsatille wäre *nur* im Wallis zu Hause; unerfahren, wie ich leider in Botanik bin, glaubte ich das gerne, heuer aber kam jemand durch, der nannte die kleine Blume, in schmählicher Vertraulichkeit »Kuh-« oder sogar »Küchen-Schelle« und versicherte mir, que c'était tout ce qu'il y a de plus commun … Nun, das täte ja ihrer Schönheit weiter keinen Eintrag, wunderte mich aber, denn, wie sie hier so, im Gestein, als erstes aufkommt, in der Vorsicht ihres silbernen, noch für alle Unbillen eingerichteten Pelzes, nimmt sie sich wirklich selten und edel aus. – Kannten Sie sie? Gibt es die gleiche in Ungarn? –

An Margot Sizzo-Noris, 6. 1. 1923, GS, 63

Ich habe auf allen Wegen unsere damalige Wanderung erinnert, und es war fast das Schönste meines Aufenthalts, dieses Wiedererkennen einer Wendung, einer Wegbiegung, an der wir gezögert hatten, oder auch nur einer Stelle, wo die alten Gartenmauern uns fühlbar geworden waren. Der Garten des »Bothmar« war mir damals schon, in seiner wesentlichen Verzauberung, so nahegegangen, daß der Eindruck nicht übertroffen werden konnte. […] Erfreulich ists, daß Wolf Salis den Garten ganz in seiner Art erhält, den eingegangenen Buchs nachpflanzt und den vorhandenen, selber oft, zuschneidet: Sie erinnern dieses Gedräng dunkelgrüner Wände und Rundungen, diese Pfeiler und Thürme aus dichtem Grün, die sich, von Terrasse zu Terrasse, vor dem Hinansteigenden zu empfangenden Architekturen ord-

nen. Wie damals, bedauerte man das Weißübertünchtsein
der Ränder an den beiden geschwungen umrahmten Wasserbecken. Staunte, wie damals, über die Steilheit der Stein-
stufen, diese Mühsäligkeit des Gehens in einer im Übrigen
so zubereiteten Umgebung. Erkannte das unten ausgekorb-
te Geländer wieder an jener Treppe, die den seitlichen Altan des vorderen Flügels erreicht, eingeengt von überhand-
nehmenden Rosen und wildem Wein. Konstatierte, hinter
den Gitterstäben des inneren Thors, das unveränderte
Schweigen, die scheinbare Unbetretbarkeit des »Pfauen-
Hofs«. Und verließ schließlich diese ganze in sich verson-
nene Welt durch jenes andere Gitterthor, an dessen oberer
Theilung immer noch der runde rostige Kronreif sich hält,
wagrecht, wie einem Größeren angeboten, wie auf einer
Krönung *Mariens*. –

An Gudi Nölke, 10. 11. 1923, GN, 117-118

⟨M⟩algré le soleil généreux de la dernière quinzaine, le printemps du Valais s'attarde cette année. Voici les premières
anémones que j'ai cueillies sur nos collines –, elles sont char-
mantes, n'est-ce pas, et expriment si bien les risques de la
saison, ayant mis, en dépit de leur confiance, cette petite
fourrure argentée qui les rend presque méconnaissables
dans la grisaille du sol pierreux et tout nu encore. […]

An Antoinette von Bonstetten, 26. 3. 1924, AB, 13

⟨J⟩e suis bien aise que ces humbles anémones aient pu vous inviter à vérifier le printemps de la campagne genevoise…, mais de combien il semble plus assuré que le nôtre et plus »chanté«.

An Antoinette von Bonstetten, 1. 4. 1924, AB, 14

Vorige Woche benutzte ich das Auto von zu Besuch hier weilenden Freunden, um rasch nach Vevey zu fahren und mich in zwei Gärtnereien (de Ribaupierre und Schlageter) nach Pflänzchen für meinen Garten umzusehen. (Ob einer davon Ihr Rosen-Lieferant ist?) Wie spät aber setzt heuer alles ein; es war noch kaum etwas bei diesen beiden Gärtnern zu »sehen«.

Habe ich nun etwas an meinen Rosen zu besorgen? Bitte, einen Wink gelegentlich; ich bin – sehen Sie – ein schlechter Schüler: habe alles vergessen, was Sie mir voriges Jahr empfahlen und riethen.

An Elisabeth Aman-Volkart, 4. 5. 1924, BSF, 422

Die Rosen fangen an aufzugehen, erst ein paar, die sich nur so gedankenlos aufschlugen und gleich viel zu groß wurden, dann, seit gestern, sorgfältigere edlere Rosen, denen es darauf ankam, langsamer zu sein und sich zu fühlen im Aufgehen.

An Clara Rilke-Westhoff, 2. 6. 1924, B21-26, 282

Die Natur produziert mit einfacheren Mitteln, weil sie trotz allem noch immer im Schutz vor unseren Entdeckungen und unserer Neugier ist, welche sie zu ergründen ersucht, ohne jedoch ihr unerschöpfliches Geheimnis je zu erfahren. Ich sende Ihnen einige Muster vom Besten, was mein Garten gegenwärtig bietet. Fast täglich verbringe ich einige Augenblicke bei meinen Rosen, um für sie zu kämpfen, da ihre Dornen gegen ihre schlimmsten Feinde nicht wirksam sind. Gab es immer so viele Gefahren, so viele absurde Feindseligkeiten, so viele drohenden Krankheiten in jedem Garten? Waren nicht die früheren Gärten mit ihren einfachen und pietätvollen Blumen weniger bedroht, als die Chemie sich noch nicht einmischte…? Mein Garten kommt mir manchmal wie ein Blumenspital vor –, wenn Sie hier vorbeikämen, würden Sie Ihren gegenwärtigen Beruf mit den Kranken nicht verlassen.

An Antoinette von Bonstetten, 11. 6. 1924, RSchw, 173

Das beiliegende kleine Bild (das Sie mir freundlichst wiedersenden wollen) zeigt Ihnen das alte ländliche Haus, eine halbe Stunde überhalb Sierre gelegen, »Château de Muzot« genannt. Ich bewohne es ganz allein, Sie hätten also nur für mich zu sorgen. […]

Um das Haus herum liegen die drei kleinen Gärten: der Blumengarten; der potager, in dem wir einen großen Theil des erforderlichen Gemüses ziehen, und daran anschlie-

ßend eine große Wiese mit Apfelbäumen. Auch der Früch-
teertrag des vorderen (Blumen-) Gartens ist nicht unbedeutend, es fehlt dort nicht an ausgezeichneten Äpfel- und Bir-
nensorten, Pfirsichen, Johannisbeeren; besonderen Werth
lege ich auf die Pflege der von mir angelegten *Rosen*pflan-
zungen, die sich in den letzten vier Jahren auf das Schönste
entwickelt haben. Die Sommer sind recht heiß im Kanton
Wallis und das fast regelmäßige Auftreten starker Winde
bringt es mit sich, daß der Boden rasch austrocknet, so
daß die Arbeit des Begießens eine große Rolle spielt. Die
Rosenbeete erfordern ab und zu den Gebrauch der Gieß-
kanne, im Übrigen kann ein Schlauch verwendet werden,
so daß die Mühe nicht zu groß ist. […] Eine Person, die
sich die Arbeit einzutheilen versteht, und die fähig wäre,
Haus und Garten in der rechten Weise lieb zu gewinnen,
könnte sich […] aus alledem eine angenehme persönliche
Aufgabe entwickeln, die lohnt und freut. Denn das Land
ist schön und gesund, und das Haus, das soviele Jahrhun-
derte überdauert hat, besitzt eine besondere alterthümliche
Schönheit.

An Ida Walthert, 19.9.1925; BSF, 460-461

Vendredi dernier j'étais donc à Sierre avec Mlle de Bonstetten: c'était délicieux de voir le jardin avec quelqu'un qui
connaît ce beau métier, tout devenait autre! Nous avons fait
tout un projet de remaniement et simplification pour la fin

d'octobre. Un long parterre de roses, *unifié*, (il faudra le changer à cause de l'ombre toujours grandissante des marronniers!) et *entouré de buis*. Du *buis* partout, remplaçant les pierres. Quelques buissons là où il faut. Pas beaucoup de chose, mais un peu d'organisation, de l'ordre! Que je n'avais depuis longtemps de ces conseils: cette école à Neuchâtel me paraît parfaite, elle livre tout et à des prix très raisonnables,

An Nanny Wunderly-Volkart, 27. 5. 1926, NWV II, 1136

Als ich das vorletzte Mal hier war, begleitete mich Mademoiselle Antoinette de Bonstetten, [...]. In ihr hab ich nun endlich eine erfahrene und sachliche Rathgeberin in allen Angelegenheiten unseres Gartens gewonnen. Frl. v. Bonstetten hat vor einigen Jahren einen ausgiebigen Gärtnerkurs an der bekannten Gärtnerinnen-Schule in Neuchâtel durchgemacht, [...] Die jungen Damen, die durch diese Ausbildung gegangen sind oder noch in ihr stehen, übernehmen, zu recht angemessenen Bedingungen, die Einrichtung oder Neuordnung von gärtnerischen Anlagen. Statt das nächste Mal auf den gutgesinnten aber so entsetzlich rathlosen Golder angewiesen zu sein, werde ich Mlle de Bonstetten oder, durch ihre Vermittlung, eine jetzige Zöglingin der Anstalt berufen; wir haben schon dieses Mal einen Plan entworfen, was zunächst, d. h. im nächsten Herbst, zu thun wäre. Viererlei: eine Vereinheitlichung der Rosenbeete (die wegen des zunehmenden Baumschattens etwas zurückgenommen werden müßten) zu einem einzigen langen rechteckigen Rosenparterre, an der gleichen nur geometrisch verengten Stelle. 2^tens: Ersatz der unter dem Balkon gezogenen kümmerlichen, kaum mehr blühenden und kränklichen Kletterrose durch Klematis und Je-länger-je-lieber (Chèvre-feuille), und zwar mit Unterdrückung des immer etwas problematisch gebliebenen Hohlraums unter dem Balkon, dergestalt, daß die genannten Schlingpflanzen dicht an die Hauswand angelegt erscheinen. 3^tens: Pflanzung einiger starker Sträucher am Haag gegen die Wiese zu, als Wind- und Schneckenschutz, wie um den ganzen Vorgarten intimer, abgeschlossener, abschließbarer, zimmriger, so zu sagen, zu gestalten. Der gleichen Absicht würde auch die vierte (mir besonders liebe) Veränderung dienlich werden: nämlich der geplante (theilweise) Ersatz der häßlichen zackigen Steineinfassungen durch Buchsbaumränder, die uns, scheint es, die Neuchâteler Schule zu besonders guten Bedingungen liefern könnte. – Diese Entwürfe, erschrecken Sie nicht, lieber Freund, sind vor der Hand auf ein Traumblatt skizziert und werden die Übertragung auf greifbares Papier nicht anders als im Lichte Ihrer Zustimmung erleben. Indessen war schon *das* eine Wohlthat: einen feinen und intelligenten Menschen, der zugleich »vom Fach« ist, unseren Garten erwägen zu sehen.

Meine (Valéry-) Weide geht ein; dagegen ist daneben, dicht vor dem Weingang die walliser flammenfarbene Églantine (Rose »Capucine« in den Katalogen) in herrlichem

Gedeihen; jetzt, im zweiten Jahr, ein reicher, brennender Busch!

An Werner Reinhart, 3./4. 6. 1926, BR, 424-425

Ich atme auf, im Normalen zu sein, und seh meine Blumen an, für die Gott wunderbar gesorgt hat dieses Jahr (was natürlich deren Feinde nicht schlafen läßt). Aber es entspannt mir doch das ängstliche Gemüt, zu sehen, wie billig und großartig zugleich die Natur ihre Geschöpfe verköstigt. Und selbst wenn meine Rabatten nicht ganz entfernt sind, in gewissen Wochen ein Rosen-Sanatorium zu sein, mit XeX-Bädern und soundso viel Anwendungen jeden Tag, wie billig schonen sich bei mir diese köstlichen Wesen in ihren rosa Peignoirs und ihren roten Sommerroben. Und der Walliser Busch mit den gelbroten ungefüllten Blüten steht in Juniflammen über und über!

An Anton Kippenberg, 9. 6. 1926, Briefe 3, 942

Die arabischen Ziffern am Ende der Stellenangaben im Text geben die Seitenzahlen an.

AB – Rainer Maria Rilke, *Lettres autour d'un jardin*. Herausgegeben von Fouad El-Etr. La Délirante Paris 1977.

B21-26 – Rainer Maria Rilke, *Briefe aus Muzot. 1921 bis 1926*. Herausgegeben von Ruth Sieber-Rilke und Carl Sieber. Insel-Verlag Leipzig 1937.

Briefe 1, 2, 3 – Rainer Maria Rilke, *Briefe*. Herausgegeben vom Rilke-Archiv in Weimar in Verbindung mit Ruth Sieber-Rilke besorgt durch Karl Altheim. Insel Verlag Frankfurt am Main 1987 (= insel taschenbuch 867).

BrM 1, 2 – Rainer Maria Rilke, *Briefe an die Mutter*. Herausgegeben von Hella Sieber-Rilke. Insel Verlag Frankfurt am Main und Leipzig 2009.

BSF – Rainer Maria Rilke, *Briefe an Schweizer Freunde*. Erweiterte und kommentierte Ausgabe. Herausgegeben von Rätus Luck. Unter Mitwirkung von Hugo Sarbach. Insel Verlag Frankfurt am Main und Leipzig 1994.

DE – Rainer Maria Rilke, *Duineser Elegien*. Insel-Verlag Leipzig 1923.

GN – Rainer Maria Rilke, *Die Briefe an Frau Gudi Nölke. Aus Rilkes Schweizer Jahren*. Herausgegeben von Paul Obermüller. Insel-Verlag Wiesbaden 1953.

GS – Rainer Maria Rilke, *Die Briefe an Gräfin Sizzo. 1921-1926*. Herausgegeben von Ingeborg Schnack. Insel Verlag Frankfurt am Main 1985 (= insel taschenbuch 868).

KA 1, 2, 3, 4 – Rainer Maria Rilke, *Werke*. Kommentierte Ausgabe in vier Bänden. Herausgegeben von Manfred Engel, Ulrich

Fülleborn, Horst Nalewski, August Stahl. Insel Verlag Frankfurt am Main und Leipzig 1996.

KA 5 – Rainer Maria Rilke, *Werke.* Kommentierte Ausgabe in vier Bänden. Herausgegeben von Manfred Engel, Ulrich Fülleborn, Horst Nalewski, August Stahl. Supplementband: *Gedichte in französischer Sprache.* Mit deutschen Prosafassungen. Herausgegeben von Manfred Engel und Dorothea Lauterbach. Übertragungen von Rätus Luck. Insel Verlag Frankfurt am Main und Leipzig 2003.

LvO – Rainer Maria Rilke, *Briefe an Baronesse von Oe.* Verlag der Johannespresse New York 1945.

NWV I, II – Rainer Maria Rilke, *Briefe an Nanny Wunderly-Volkart.* Im Auftrag der Schweizerischen Landesbibliothek und unter Mitarbeit von Niklaus Bigler besorgt durch Rätus Luck. Insel Verlag Frankfurt am Main 1977.

RMR/KK – Rainer Maria Rilke, Katharina Kippenberg, *Briefwechsel.* Herausgegeben von Bettina von Bomhard. Insel-Verlag Wiesbaden 1954.

RMR/LAS – Rainer Maria Rilke, Lou Andreas-Salomé, *Briefwechsel.* Herausgegeben von Ernst Pfeiffer. Frankfurt am Main und Leipzig 1989 (= insel taschenbuch 1217).

RMR/MvH – Rainer Maria Rilke, *Briefwechsel mit Magda von Hattingberg. »Benvenuta«.* Herausgegeben von Ingeborg Schnack und Renate Scharffenberg. Insel Verlag Frankfurt am Main und Leipzig 2000.

RMR/BR – Rainer Maria Rilke, *Briefwechsel mit den Brüdern Reinhart. 1919-1926.* Herausgegeben von Rätus Luck. Unter Mitwirkung von Hugo Sarbach. Insel Verlag Frankfurt am Main 1988.

RSchw – Rainer Maria Rilke und die Schweiz. Herausgegeben von Jakob Steiner. Strauhof Zürich 1993.

RU/ED – Rainer Maria Rilke, *Briefwechsel mit Regina Ullmann und Ellen Delp.* Herausgegeben von Walter Simon. Insel Verlag Frankfurt am Main 1987.

SaO – Rainer Maria Rilke, *Die Sonette an Orpheus. Geschrieben als ein Grab-Mal für Wera Ouckama Knoop.* Insel-Verlag Leipzig 1923.

TF – Rainer Maria Rilke, *Tagebücher aus der Frühzeit.* Herausgegeben von Ruth Sieber-Rilke und Carl Sieber. Insel Verlag Frankfurt am Main 1973.

Werke I, II, III, IV, V, VI – Rainer Maria Rilke, *Sämtliche Werke.* Herausgegeben vom Rilke-Archiv. In Verbindung mit Ruth Sieber-Rilke. Besorgt durch Ernst Zinn. Insel Verlag Frankfurt am Main 1987 (= insel taschenbuch 1101-1106).